Gestalt-terapia

CIP – Brasil. Catalogação na Publicação
Sindicato Nacional dos Editores de Livros, RJ

G333

Gestalt-terapia : conceitos fundamentais / organização Lilian Meyer Frazão e Karina Okajima Fukumitsu. – São Paulo : Summus, 2014. – (Gestalt -terapia : fundamentos e práticas; 2)

Inclui bibliografia
ISBN 978-85-323-0940-2

1. Gestalt-terapia 2. Psicologia 3. Psicologia infantil I. Frazão, Lilian Meyer. II. Fukumitsu, Karina Okajima. III. Série.

14-08774 CDD-616.89143
CDU: 159.964.32

www.summus.com.br

EDITORA AFILIADA

Gestalt-terapia

CONCEITOS FUNDAMENTAIS

LILIAN MEYER FRAZÃO
KARINA OKAJIMA FUKUMITSU
[ORGANIZADORAS]

summus
editorial

GESTALT-TERAPIA
Conceitos fundamentais

Editora executiva: **Soraia Bini Cury**
Editora assistente: **Salete Del Guerra**
Capa: **Buono Disegno**
Projeto gráfico e diagramação: **Crayon Editorial**

7ª reimpressão, 2025

Summus Editorial
Departamento editorial
Rua Itapicuru, 613 – 7º andar
05006-000 – São Paulo – SP
Fone: (11) 3872-3322
http://www.summus.com.br
e-mail:summus@summus.com.br

Atendimento ao consumidor
Summus Editorial
Fone: (11) 3865-9890

Vendas por atacado
Fone: (11) 3873-8638
e-mail: vendas@summus.com.br

Impresso no Brasil

Sumário

Apresentação

LILIAN MEYER FRAZÃO

KARINA OKAJIMA FUKUMITSU

Nosso objetivo ao organizar a **Coleção Gestalt-terapia: fundamentos e práticas** é oferecer à comunidade gestáltica (estudantes de psicologia, especializandos, profissionais de Gestalt) informações claras e organizadas para o aprofundamento e a ampliação do saber gestáltico.

No volume 1, foram apresentados os fundamentos epistemológicos e as influências filosóficas da abordagem.

O volume 2 se propõe a apresentar a conceituação teórica da Gestalt-terapia, tarefa um tanto complexa, pois os conceitos são inter-relacionados e, eventualmente, até se sobrepõem. No entanto, por questões didáticas e tendo em vista os objetivos desta coleção, cada capítulo apresentará um conceito.

Em nosso entendimento, conceitos não são estruturas fixas, mas um mapeamento da maneira como podem oferecer embasamento teórico e prático àquele que adota a Gestalt-terapia como possibilidade de orientação e compreensão existencial.

Nesta coleção, optamos por grafar a palavra "Gestalt" com G maiúsculo, como é feito em alemão, língua da qual a palavra se origina. Fazemos o mesmo com seu plural – *Gestalten* –, tomando por base a maneira como Nilton Campos, Annita Cabral e Antonio Gomes Penna, os primeiros estudiosos da psicologia da Gestalt no Brasil, o faziam, segundo informação pessoal do professor doutor Arno Engelmann (USP).

Sendo a Gestalt-terapia uma abordagem fenomenológica que, como vimos no volume 1 da coleção, propõe voltar "às coisas mesmas" – referindo-se nesse caso à experiência da pessoa tal como por ela vivida –, o eixo central da abordagem está naquilo que Perls, Hefferline e Goodman, seus criadores, denominaram de *awareness*.

A palavra "*awareness*" poderia ser traduzida por "estar consciente de", "ter consciência de" ou ainda "ter presente". No entanto, quando essa abordagem terapêutica surgiu no Brasil, preferiu-se manter a palavra em inglês a fim de evitar que fosse confundida com o conceito de consciência da psicanálise (ou seja, não se trata de consciência como instância psíquica e sim como verbo: "ter consciência de").

Por essa razão, mantivemos o termo em inglês, sendo o conceito apresentado por Mônica Botelho Alvim no Capítulo 1: "*Awareness*: experiência e saber da experiência", subtítulo este que já deixa entrever a maneira como e para que o conceito é utilizado na nossa abordagem.

Perls, Hefferline e Goodman (1997, p. 75) descrevem *awareness* como "[...] o sentir espontâneo do que quer que surja em você – do que você está fazendo, sentindo, planejando". Para que haja um sentir espontâneo, antes de mais nada é necessário haver contato, o qual, segundo Perls, Hefferline e

Goodman (1997, p. 41), "[...] é a realidade primeira, a mais simples". Contato e *awareness* são dois conceitos interligados e talvez indissociáveis. É por meio do contato que uma figura pode emergir do fundo, e o contato sintetiza a necessidade de união e separação. Para que haja mudanças – tanto da pessoa quanto de suas experiências de mundo – é necessário haver contato, tema discutido no Capítulo 2 por Gladys D'Acri: "Contato, funções, fases e ciclo de contato".

É por meio do contato que ocorrem as trocas entre indivíduo e ambiente, promovendo os processos de crescimento e desenvolvimento humanos – concebidos em Gestalt-terapia como processos contínuos ao longo da vida. Essas trocas ocorrem naquilo que Perls, Hefferline e Goodman denominaram fronteira de contato – onde "eu" e "não eu" se encontram, englobando o "não eu" todo tipo de experiência (seja ela com pessoas, coisas etc.). Esse tema é abordado por Sandra Salomão, Lilian Meyer Frazão e Karina Okajima Fukumitsu no Capítulo 3.

O contato ocorre por um sistema complexo ao qual, em Gestalt-terapia, denominamos *self*. Diferentemente da maior parte das teorias psicológicas em que o *self* é concebido como uma estrutura relativamente estável ao longo do tempo, a Gestalt o vê como sistema, conforme mostra Claudia Baptista Távora no Capítulo 4.

Aplicando a teoria holística de Jan Smuts (veja o volume 1 desta coleção) ao campo da neuropsiquiatria, Kurt Goldstein examinou a natureza holística do funcionamento humano, observando um processo complexo de obtenção, perda, ganho e manutenção do equilíbrio da pessoa como totalidade. Perls, que trabalhou com Kurt Goldstein quando se formou em Medicina, assim como sua esposa, Laura, foi influenciado por essa visão e a adotou na Gestalt-terapia com os conceitos de autorregulação organísmica e homeostase, tema esse discutido no Capítulo 5 por Patricia Valle de Albuquerque Lima (Ticha).

Para autorregular-se organismicamente a pessoa precisa suprir adequadamente suas necessidades. Para tanto, deve ter *awareness* delas, estando em contato simultaneamente com elas e com as possibilidades de satisfazê-las no meio. Necessidades diferentes podem ocorrer ao mesmo tempo, e quando isso acontece torna-se necessário que a pessoa perceba a necessidade dominante, estabelecendo aquilo que Perls denominou de hierarquia de necessidades. Uma vez que essa hierarquia esteja clara, é possível fazer os ajustes necessários entre suas necessidades e as possibilidades do ambiente, processo esse que denominamos ajustamento criativo – assunto que Beatriz Helena Paranhos Cardella aborda no Capítulo 6: "Ajustamento criativo e hierarquia de valores ou necessidades".

Perls, Hefferline e Goodman (1997, p. 44-5) dizem:

> [...] o contato não pode aceitar a novidade de forma passiva ou meramente se ajustar a ela, porque a novidade tem de ser assimilada. Todo contato é ajustamento criativo do organismo e ambiente. Resposta consciente (*aware*) no campo. É o agente de crescimento no campo.

No volume 1 desta coleção tratamos das fontes de influência da Gestalt-terapia, entre as quais citamos Kurt Lewin e sua teoria de campo, na qual formulou o princípio da contemporaneidade: "Qualquer comportamento ou qualquer outra mudança no campo psicológico depende somente do campo psicológico naquele momento" (1965, p. 52) e "o passado psicológico e o futuro psicológico são partes simultâneas do campo psicológico existente naquele momento" (*ibidem*, p. 61). Assim, a temporalidade em Gestalt-terapia é concebida sempre como aqui e agora, o que não significa que sejam desconsiderados tanto o passado quanto o futuro, pois passado e futuro existem no presente, seja na forma de lembranças, seja na forma de projetos e expectativas. A temporalidade e a compreensão do aqui e agora em Gestalt-terapia são abordadas no Capítulo 7 por Virginia Elizabeth Suassuna Martins Costa.

O conjunto de recursos e experiências que cada pessoa possui constitui seu autossuporte. Embora necessitemos também de heterossuporte, ao longo dos processos de desenvolvimento tendemos cada vez mais a precisar menos de heterossuporte e ampliar cada vez mais o autossuporte, assunto discutido por Celana Cardoso Andrade no Capítulo 8. O autossuporte não deve ser encarado como autossuficiência, uma vez que em Gestalt-terapia pensamos o homem existindo em constante interação com seu meio e, portanto, em interdependência.

No trabalho clínico, observamos como às vezes é difícil para nossos clientes mudar seu ponto de vista ou olhar para algum fato de forma diferente. O filósofo expressionista alemão Salomon Friedlaender propôs o conceito de indiferença criativa para diferenciar fenômenos em polaridades e vê-los de outra perspectiva. Perls considera, desde sua primeira obra – *Ego, fome e agressão* (1942) –, que esse é um conceito central em sua teoria. Esse tema é explorado por Alexandra Cleopatre Tsallis no Capítulo 9: "Indiferença criativa: uma possibilidade pragmática do método fenomenológico".

Embora em geral as pessoas pensem que mudar significa tornar-se alguma coisa diferente daquilo que se é, Arnold Beisser constatou um paradoxo na mudança: o de que mudar significa tornar-se aquilo que somos, tema abordado por Marcelo Pinheiro no Capítulo 10: "Teoria paradoxal da mudança".

Perls, Hefferline e Goodman se referem à saúde como um estado que possibilita "estarmos em casa em qualquer lugar do mundo", o que implica constantes processos de contato e ajustamento criativo. Quando isso não ocorre, estamos diante de neurose, tema discutido por Angela Schillings no Capítulo 11 – "Concepção de neurose em Gestalt-terapia". Salientamos que esse assunto não ficou por último por acaso: acreditamos que esse capítulo final sintetiza e relaciona todos os conceitos até então expostos.

REFERÊNCIAS BIBLIOGRÁFICAS

Lewin, K. *Teoria de campo em ciência social*. São Paulo: Pioneira, 1965.

Perls, F. S.; Hefferline, R.; Goodman, P. *Gestalt-terapia*. São Paulo: Summus, 1997.

1
Awareness: experiência e saber da experiência[1]

MÔNICA BOTELHO ALVIM

A noção de *awareness* é central no corpo conceitual e no método psicoterápico da Gestalt-terapia. A tradução do termo do inglês para o português remete de imediato à palavra "consciência", devendo-se notar, entretanto, que *awareness* distingue-se da acepção de consciência como representação, reflexão, conhecimento ou juízo e assume, no vocabulário da Gestalt-terapia, um sentido próprio – que aqui sintetizamos como *saber da experiência.*

Como abordagem da psicologia que se diferencia por conceber o eu (*self*) como contato, movimento criador diante da experiência da novidade do mundo e do outro, a Gestalt-terapia compreende a existência como um fluxo contínuo de transformação e crescimento, dado a partir do contato no campo organismo/ambiente. É com base nessa situação de interação, na qual uma totalidade organísmica compõe com o

---

1. Trabalho realizado com o apoio da Fundação Carlos Chagas Filho de Amparo à Pesquisa do Estado do RJ (FAPERJ – auxílio APQ1)

ambiente um campo, que a existência se faz e refaz, num movimento temporal de configuração de formas ou configurações que dão sentido e significado a si e ao mundo.

A noção de *awareness* está situada no campo de uma problemática central da psicologia, aquela da consciência (e inconsciência), cujas diferentes compreensões são reflexos dos fundamentos filosóficos e epistemológicos de cada abordagem. Quando concebe a existência como situação de interação, campo de experiência e presença, a Gestalt-terapia está fundamentada em referenciais fenomenológicos, existenciais e humanistas oriundos de uma rede de influências que inclui a psicologia da Gestalt, a teoria organísmica, a teoria holística e a teoria de campo. Inclui o existencialismo de Martin Buber e outro eixo paradigmático, trazido por influência de Paul Goodman: o pragmatismo de William James. Este propõe uma noção de consciência que tem pontos de contato com a fenomenologia, permitindo um diálogo entre os dois referenciais, o que foi realizado por Aron Gurswitsch, fenomenólogo norte-americano que desenvolve a noção de campo de consciência dialogando com James. Tal vertente também aparece nas discussões contemporâneas de Natalie Depraz. No Brasil, predominam estudos que buscam discutir o corpo teórico da Gestalt-terapia com base nos referenciais fenomenológicos e existenciais.

No livro que apresenta a Gestalt-terapia, os autores afirmam, já no Prefácio, pretender fazer, nessa abordagem, um redirecionamento de foco do inconsciente para os "problemas e a fenomenologia da *awareness*" (Perls, Hefferline e Goodman, 1997, p. 33). Concebendo a *awareness* como um fluxo ou *continuum* dado pela experiência aqui-agora no contato com a novidade do outro (diferente), ela é descrita naquela obra como um processo que envolve contato, sentimento, excitamento e formação de *Gestalten*.

A formação espontânea de *Gestalten* é por nós compreendida como configuração de sentido que emana da interação entre o organismo e o ambiente; sujeito e mundo compondo uma estrutura significativa e plástica.

Concebemos *awareness* como *o fluxo da experiência aqui-agora que, a partir do sentir e do excitamento presentes no campo, orienta a formação de Gestalten, produzindo um saber tácito*. É nesse sentido que Robine (2006a, p. 73) predica *awareness* como "conhecimento imediato e implícito do campo". Esse conhecimento imediato e implícito é um saber da experiência, dado de modo pré-reflexivo. O processo de *awareness* não pode produzir um tipo de saber explícito, reflexivo, visto que a consciência reflexiva pressupõe interrupção do fluxo da experiência. "Re-flexão" é flexão para trás, voltar-se para o que já passou, para aquilo que já desapareceu como dado no horizonte temporal do campo. Implica a cisão dessa totalidade organismo/ambiente.

Não é possível, assim, pensar em *awareness* se o ponto de vista for dualista ou dicotômico, mecanicista ou determinista-causal. O princípio básico da noção gestáltica de *awareness* é a perspectiva de campo. Uma perspectiva que compreenda o processo da consciência como dado a partir desse complexo pessoa-mundo em um espaço-tempo presentes.

Considerando o contato como processo que acontece em um modo intermediário, entre os extremos de atividade e passividade, a Gestalt-terapia não trabalha com a hipótese de que na organização desse campo haja predominância de partes. No processo da *awareness* não há papel preponderante do "lado" organismo nem do "lado" ambiente. Não há uma concepção de um sujeito, ego ou consciência constituindo o sentido da experiência. Em outras palavras, a noção de *awareness* indica um tipo de consciência não egoica. Não se considera também o inconsciente como instância determinante do sentido da experiência. Tampouco se acredita que haja qualquer tipo de determinismo social.

O sentido é espontaneamente dado na experiência. Como abordagem que enfatiza a interação e a ação no campo, a Gestalt-terapia faz referência ao verbo, figura gramatical envolvida com a ação. Entre as flexões verbais, a "voz média" foi destacada por Perls, Hefferline e Goodman (1997). Trata-se de um recurso gramatical da língua latina ausente das línguas modernas empregado para ações que não se enquadram inteiramente na voz ativa nem na voz passiva (Lauand, 2004). De acordo com eles, aparecia nas línguas em uma fase da humanidade na qual consciência e mundo integravam o mesmo todo. Indicando o modo médio como o modo de funcionamento do sistema *self* de contatos e da *awareness*, Perls, Hefferline e Goodman (1997, p. 182) sublinham essa interação e apresentam uma ideia de existência baseada na ação que se dá como espontaneidade no modo médio.

> A espontaneidade é o sentimento de estar atuando no organismo/ambiente que está acontecendo, sendo não somente seu artesão ou seu artefato, mas crescendo dentro dele. A espontaneidade não é diretiva nem autodiretiva, e nem nada a está arrastando embora seja essencialmente descompromissada, mas é um processo de descobrir-e-inventar à medida que prosseguimos, engajados e aceitando o que vem. O espontâneo é tanto ativo quanto passivo, tanto desejoso de fazer algo quanto disposto a que lhe façam algo; ou

melhor, está numa posição equidistante dos extremos (nem passivo, nem ativo), uma imparcialidade criativa.

Os autores recorrem à arte para discutir essa imparcialidade criativa, considerando a atividade artística a realização espontânea de uma forma objetiva. Durante o fazer, o artista não é inconsciente em sua atividade, tampouco deliberadamente calculista, "sua *awareness* está numa espécie de modo intermediário, nem ativo, nem passivo, mas que aceita as condições, se dedica ao trabalho e cresce no sentido da solução" (*ibidem*, p. 59). Ressaltamos de início que propor uma nuança passiva da *awareness* é diferente de pensá-la como inconsciente ou como determinada de fora. Ao discutir a função id do sistema *self*, Perls, Hefferline e Goodman (1997, p. 186) afirmam que "a sensação de passividade vem do ato de aceitar sem compromisso".

A passividade é um tema presente nas discussões fenomenológicas acerca da intencionalidade da consciência e de seu caráter de temporalidade. Ao discutir a temporalidade nas obras *Lições sobre a consciência imanente do tempo* e *Análise sobre a síntese passiva*, Edmund Husserl dá espaço ao tema da passividade. Para ele, tal como discute Ferraz (2003, p. 66) "o ego está envolvido por uma atmosfera passiva, em que ocorre uma organização autônoma do campo de significações". Husserl descreveu a consciência como um fluxo temporal no qual cada ato intencional se modifica em um sedimento que não depende da atividade do ego para se manter e, modificado, torna-se um horizonte para as experiências vindouras. A atividade da intencionalidade operativa é sintético-passiva, ou seja, não deliberada (Müller-Granzotto e Müller-

-Granzotto, 2007). Está aqui, na ideia husserliana de organização autônoma do campo da consciência, o tipo de passividade presente também na noção de *awareness*. A experiência já se dá de maneira espontânea como uma organização estrutural que configura sentidos em formação, ou seja, na ação (espontânea) de formar ou configurar formas. Concepção que se aproxima da experiência perceptiva tal como proposta por Merleau-Ponty (1973), dada a partir de um campo de presença, que integra consciência e mundo, gerando espontaneamente uma forma significativa. O filósofo compreendeu o corpo como origem dessa correlação eu-mundo (Merleau-Ponty, 1994). Para ele, é nessa correlação dada no encontro e na experiência primeira do sujeito com o mundo que uma forma espontânea nasce, brota como figura do fundo comum, indicando o sentido que aquela experiência vai assumindo. O corpo é um campo perceptivo-prático, a consciência é corporal. Ele cunha o termo "fé perceptiva" para afirmar que é no corpo perceptivo-prático inserto no mundo que surge uma certeza inexplicável, "uma adesão que se sabe além das provas, não necessária, tecida de incredulidade, a cada instante ameaçada pela não fé" (Merleau-Ponty, 2000, p. 37). Ao propor a noção de corporeidade, o autor indicava que a experiência do corpo é dada como uma totalidade imbricada no mundo e que o poder expressivo da forma não está localizado no corpo ou na subjetividade, mas na corporeidade, nessa experiência no mundo (Alvim, 2012).

A Gestalt-terapia considera o organismo uma totalidade mente/corpo imbricada no campo. O corpo e a mente, assim como o ambiente, não são considerados de modo isolado, sendo abstrações da situação de interação. A literatura não faz, assim, referência ao corpo, mas ao organismo e ao campo. O corpo é referido mais diretamente nas partes dedicadas ao assunto da neurose, estado no qual há rompimento da unidade mente, corpo e mundo externo. Nas discussões acerca da *awareness*, porém, há muitas referências a funções e dimensões corporais. Perls, Hefferline e Goodman (1997, p. 33) ressaltam que há na *awareness* uma "integração sensório-motora" que envolve aceitação e trabalho de transformação e crescimento. Essas dimensões são conectadas e integram o sentir e a ação motora, predominando, no sentir, a aceitação e, no motor, a transformação.

O caráter de aceitação está envolvido com a experiência da fronteira, momento do encontro com a novidade, com a diferença, com o outro, inaugurando o processo de contato. A fronteira não é um lugar, um espaço, mas um campo de presença, vivido temporal e corporalmente quando deparo com o novo ou diferente e estranho e sou afetado. Aqui entra em jogo a dimensão *sentir* da *awareness*, que pode ser discutida com base em algumas perspectivas. Queremos enfatizar o sentir ser e aceitar ser afetado. Ambas são experiências pré-reflexivas e estão intimamente ligadas; para ser afetado pelo outro é necessário que haja abertura, entrega e aceitação. Ribeiro (2006) refere-se a *awareness* como apreensão de totalidades. Corrobora essa noção de abertura, entrega e aceitação ao conotar esse processo como "chegada do sentido para mim da relação eu-mundo como uma consciência corporal de totalidade" (*ibidem*, p. 74).

Bondía (2002) discute longamente o tema da experiência no artigo "Notas sobre a experiência e o saber da experiência", que inspirou o título deste artigo. Ele relaciona experiência e sentido, afirmando a experiência como aquilo que nos passa, nos acontece, nos chega e toca; o sujeito da experiência é, em sua perspectiva, território de passagem, aquele lugar a que chegam as coisas, onde têm lugar os acontecimentos. De acordo com o autor, o sujeito da experiência se define por certa passividade, no sentido de receptividade e abertura. Para ele, trata-se de

> uma passividade anterior à oposição entre ativo e passivo, de uma passividade feita de paixão, de padecimento, de paciência, de atenção, como uma receptividade primeira, como uma disponibilidade fundamental, como uma abertura essencial. (Bondía, 2002, p. 24)

É desse modo que conotamos o sentir envolvido no fluxo de *awareness*. Este se define como uma experiência de abertura e disponibilidade que permite um arrebatamento por aquilo que está dado no campo, na situação vivida, exigindo uma fé na situação, uma abertura sensível dada pela presença. Chaui (2002, p. 162) lembra que para Merleau-Ponty a experiência é exercício do que ainda não foi submetido à separação sujeito-objeto, promiscuidade das coisas, dos corpos, das palavras, das ideias. É atividade-passividade indiscerníveis. A dimensão de aceitação da *awareness* está relacionada à tensão atividade-passividade inerente à experiência, esse processo temporal compreendido como aquilo que nos passa, nos acontece, nos toca e ocorre no campo complexo da interação eu/outro/mundo, do contato.

Michael Vincent Miller (*apud* Perls, Hefferline e Goodman, 1997, p. 25) afirma que a demarcação da fronteira de contato se dá a partir da experiência de alteridade, quando se abre "um sertão, ainda desconhecido, que é a alteridade inexaurível do mundo". Isso nos leva à dimensão de travessia que está na origem do termo "experiência". O radical latino *peri*, que aparece na palavra "experiência", está também no termo "perigo". De acordo com Bondía, a raiz indo-europeia da palavra é *per*, relacionada a travessia se pensarmos, por exemplo, na palavra "perpassar". Podemos poeticamente falar da experiência como uma travessia "perigosa" – ou excitante, tal como propunham Perls, Hefferline e Goodman – entre o eu mesmo e outrem. Entre o que me é próprio, já domesticado, visível, e o sertão ainda desconhecido, a alteridade inexaurível do mundo. A dimensão sentir da *awareness* envolve, assim, abertura sensível para ser afetado nessa travessia.

O *excitamento*, segunda dimensão da *awareness*, marca o surgimento de uma figura de interesse no campo e, nesse sentido, é "evidência de realidade" afirmam Perls, Hefferline e Goodman (1997, p. 47). Ou seja, quando na experiência algo se delineia como figura, significa que está conectado com o surgimento de uma necessidade e que o fundo indiferenciado começa um processo de diferenciação. O excitamento, crescente, flui do fundo em direção à figura. "O interesse e o excitamento da formação figura/fundo são testemunhos imediatos do campo organismo/ambiente" (p. 48). A noção de dominância está relacionada a esse ponto no qual o interesse e o excitamento se diferenciam do fundo e emergem como figura em formação. O excitamento, que abrange excitação fisiológica e emoção, "cresce em direção à solução vindoura mas ainda desconhecida" (p. 48). É a energia que nos movimenta para o futuro, em direção à novidade e sua descoberta e invenção.

Quando a novidade que se apresenta no campo pode ser vista e aceita, o fundo se diferencia e o excitamento produzido permite a formação de uma figura dominante, vigorosa e brilhante. Quando há conflito, uma perturbação da homogeneidade do fundo impede que uma figura nítida e forte surja.

Os conflitos podem representar diferentes situações, sendo "todo conflito fundamentalmente um conflito nas premissas da ação" (*ibidem*, p. 216). Essa afirmação aponta para a ação motora: gesto corporal que indica o sentido que a situação vai assumindo. As premissas da ação envolvem uma complexidade de dimensões entrelaçadas na totalidade do campo: necessidades, desejos, valores, situações inacabadas, os objetos, as demandas e as forças presentes no ambiente, na situação sócio-histórica. Quanto mais movimentado é o fundo, tanto mais excitamentos conflitantes e figuras opostas ou alternativas e, em consequência, a figura que emerge é débil, fraca, predominando uma forma pouco definida. O gesto corporal envolvido na ação reflete esse conflito em sua forma, podendo, por exemplo, mostrar contradição com o conteúdo da fala, ser vacilante ou hesitante.

Pautados em critérios estéticos, compreendemos que as formas gestuais fluidas e plásticas indicam que o sentido em formação é adequado, integrador. O movimento do excitamento não é fragmentário, não nos lança ao novo absoluto, mas é fluido e indica apenas que uma parte do campo se diferenciou e tomou um lugar de centralidade e importância (Latner, 1976). Cada movimento em direção ao novo, nessa concepção, nos coloca em seguida novamente na experiência da unidade, pois, do contrário, a existência seria uma sequência de espasmos, destituída de fluidez. Daí o terceiro elemento da *awareness*, a *formação de Gestalten*, que nos dá essa unificação como uma configuração espontânea que reintegra o todo em uma significação. Uma vez dada essa integração, a figura retraiu-se e se reintegrou, tornando-se fundo para novas experiências, indefinidamente. Esse é um desdobramento temporal que descreve, pelo contato, nossa concepção de existência.

Em suma, a noção de *awareness* aponta para uma concepção que: não dicotomiza consciência-inconsciência; apoia-se em um paradigma de campo; concebe a existência humana como formação ou configuração de formas espontâneas que se configuram no campo organismo/ambiente; compreende essa forma como configuração ou totalidade de partes que se relacionam por uma espécie de mutualidade; é aqui definida como *fluxo da experiência aqui-agora que, a partir do sentir e do excitamento presentes no campo, orienta a formação de Gestalten, produzindo um saber tácito que denominamos saber da experiência.*

A NEUROSE, A TERAPIA E O TRABALHO COM A *AWARENESS*

A concepção aqui discutida descreve como a Gestalt-terapia compreende a existência humana saudável: a manutenção do livre fluxo de *awareness*, possibilitando uma contínua configuração de formas. Sem pretender dicotomizar saúde e doença, visto que nossa perspectiva as considera extremos de um mesmo eixo, ressaltamos que nosso critério de saúde está relacionado à capacidade plástica do campo organismo/ambiente, mantendo aquela totalidade em um equilíbrio dinâmico. A neurose é considerada conflito do campo e não conflito intrapsíquico e, como tal, está envolvida com perda da capacidade plástica dessa totalidade. Desse ponto de vista da interação organismo/ambiente, o indivíduo adoece também na medida em que o mundo está doente. Os conflitos sociais, as crises culturais, políticas e econômicas afetam o equilíbrio da totalidade. A ideia de uma doença restrita ao indivíduo ou à sociedade é frágil e não se sustenta.

Considerando o lugar central que o tema da *awareness* ocupa na clínica da Gestalt-terapia, faz-se necessário discutir de forma mais específica de que modo ela está implicada no processo de adoecimento.

Perls, Hefferline e Goodman (1997, p. 61) indicam algumas qualidades que a *awareness* pode assumir nas experiências singulares: impotente, ociosa, criativa, força integrativa. Referem-se a uma "verdade da situação" para aludir, tal como compreendo, ao equilíbrio dinâmico do campo e à afirmação da proposta de que, no extremo da saúde, a "verdade" última provém da situação de interação. Assim, uma *awareness* impotente refletiria uma experiência na qual o sentido é dado de fora e o modo da ação é pura passividade. Uma *awareness* ociosa indicaria uma experiência na qual o saber-se na situação não mobiliza rumo à ação integradora, havendo, ainda, passividade e paralisia. Ao contrário, uma *awareness* criativa é ativa na situação e, se exerce uma força integrativa, colabora na correlação de forças do campo para o equilíbrio que permitirá a formação de *Gestalten* e a produção de sentidos como verdade que nasce na situação.

A situação é uma estrutura complexa que envolve dimensões mais próximas e mais distantes do organismo, todas entrelaçadas compondo uma totalidade. O organismo, o ambiente próximo, o outro, o grupo, a sociedade, o planeta. As partes dessa estrutura compõem uma totalidade em tensão dialética, tensão que movimenta o campo e o excitamento. O excitamento da *awareness* está sempre relacionado a uma dominância que não envolve apenas uma necessidade "interna" do organismo.

A manutenção do fluxo de *awareness* depende sobretudo do grau de tensão na interação organismo/ambiente na fronteira de contato. Quando a interação é simples, há pouca tensão, permitindo fluir livremente o excitamento que orientará a formação de *Gestalten*. As condições para essa possibilidade não estão apenas no organismo, mas no campo. Quanto mais fácil for a interação, significa que o sistema funcionou no modo médio e não houve demanda de um trabalho ativo de integração – a formação de *Gestalten* se deu espontaneamente, sem esforço, de modo quase imperceptível. Diz-se que em situações desse tipo há pouca *awareness*.

A dificuldade na situação de interação ocorre sempre que há um conflito, gerando tensão no campo. Esta decorre de forças opostas ou alternativas presentes no campo que podem envolver diferentes dimensões: necessidades, desejos, crenças, valores, moral introjetada, situações inacabadas, conflitos sociais, familiares etc. Fato é que, na medida em que mais conflito e tensão estão presentes, mais barreiras e impedimentos ao fluxo de *awareness* surgem, resultando em mais demora e indefinição na formação de uma figura de interesse dominante. Esse retardamento do fluxo exige esforço de deliberação, atividade e separação da situação, transformando a *awareness* em consciência reflexiva: rompimento da totalidade mente, corpo e mundo externo e perda da integração espontânea no campo.

Em situações de interação que envolvem um desequilíbrio muito grande entre forças do ambiente e do organismo, o alto grau de tensão ativa funções fisiológicas de emergência que visam reduzir a tensão e restaurar o equilíbrio. As funções fisiológicas são parte do sistema autônomo e envolvem um modo não consciente e não voluntário de funcionamento. Respondendo ao movimento de conservação do organismo, promovem um rompimento radical, ainda que temporário e emergencial, da unidade organismo/ambiente. De acordo com cada situação – perigo ou frustração –, ativam-se funções específicas que podem englobar hiperatividade ou subatividade.

Quando as situações de perigo ou frustração são extremas ou recorrentes, pode haver um reajustamento da fisiologia, uma espécie de novo conservadorismo não consciente que a Gestalt-terapia denomina "fisiologia secundária" (Perls, Hefferline e Goodman, 1997, p. 207). Tal conservadorismo representa a fixação em um modo de funcionamento automatizado e não consciente, fechado sobre si mesmo e desconectado do ambiente. O automatismo é uma espécie de padrão motor, um estado corporal tenso que impede o excitamento de fluir. É nesse sentido que a neurose é definida como situação de emergência crônica de baixa intensidade, na qual funções temporárias de emergência se cronificam, promovendo um conjunto que envolve hipertonia inconsciente da muscularidade, percepção excessivamente vigilante e propriocepção reduzida.

Se retomarmos aqui as dimensões da *awareness*, veremos que a neurose está relacionada de modo central com sua perturbação. Em primeiro lugar, a sensação crônica de perigo prejudica o sentir em suas dimensões de afetação e abertura. Há dessensibilização e medo, distanciamento da experiência e da realidade da situação de interação. O excitamento não flui; é impedido pela hipertonia da musculatura, pelo automatismo e pela fixação da forma. A existência perde a plasticidade, não há fluxo de formação de *Gestalten*, não há *awareness*.

O "descobrir e inventar" descrito por Perls, Hefferline e Goodman para se referir à espontaneidade e à posição intermediária entre atividade e passividade está prejudicado, esquecido ou perdido. O sentido temporal de possibilidade, a segurança diante do novo, a fé na situação e o movimento confiante rumo à invenção do futuro são substituídos por uma fixação em uma forma do passado. A excitação que movimenta para o inventivo está anestesiada, o corpo age de modo mecânico, desligado do desejo e da situação.

O objetivo principal da terapia é retomar o fluxo de *awareness*. Laura Perls (1992, p. 138) afirma, nesse sentido, que

> o objetivo da Gestalt-terapia é o *continuum* da *awareness*, a formação continuada e livre de Gestalt, onde aquilo que for o principal interesse e ocupação do organismo, do relacionamento, do grupo ou da sociedade se torne Gestalt, venha para o primeiro plano e possa ser integralmente experienciado e manejado (reconhecido, trabalhado, selecionado, mudado ou jogado fora etc.) para que então possa fundir-se com o segundo plano (ser esquecido ou assimilado e integrado) e deixar o primeiro plano livre para a próxima Gestalt relevante. (Tradução nossa)

A Gestalt-terapia é uma terapia da formação ou configuração de formas e compreende que o processo de formação de *Gestalten* é dirigido pelo livre fluxo de *awareness*, a partir das experiências que se dão sempre com o diferente e novo. Tornar-se *aware* da experiência imediata com o outro é focar-se na situação aqui-agora.

A proposta de método terapêutico implica concentrar-se na estrutura concreta da situação, tornando presentes as fixações e tensões que se apresentam, na forma que se configuram. "Na realidade, o que tentamos fazer na GT é trazer de volta para a figura as fixações que se tornaram de certo modo petrificadas e apenas estados de existência onde elas então possam ser experienciadas como atividade atual, que ainda é realizada agora, porque todos os músculos envolvidos são voluntários" (Perls, 1992, p. 139, tradução nossa).

Ao levar a atenção ao mesmo tempo leve e intensa sobre o instante presente, a terapia busca propiciar a percepção das formas fixadas, das tensões musculares, do corpo e do gesto presente. Atentar para a forma da fixação permite acessar o conflito presente na estrutura que se apresenta – e inclui o terapeuta. A partir do contato com essa estrutura aposta-se no resgate da confiança na situação de interação, aceitando o desafio de enfrentar o risco da travessia implícito na experiência, o que pode acordar o corpo adormecido e fixado na forma passada e desconectado do espaço-tempo presente.

A terapia de concentração proposta pela Gestalt-terapia visa restabelecer o *continuum* de *awareness*, ou seja, o fluxo temporal da experiência aqui-agora. Tendo na perspectiva de campo o princípio básico, o trabalho terapêutico não pode prescindir de retomar, no campo da psicoterapia, uma implicação na relação que parta do corpo, da experiência e de um saber não reflexivo. O trabalho terapêutico é com aquilo que está em via de se formar, com o fluxo de configuração de formas, de sentidos se fazendo, de modo fugaz e efêmero. Robine (2006b) sublinha o caráter de temporalidade da Gestalt-terapia e refere-se a ela como estética da efemeridade.

O trabalho com a *awareness* visa possibilitar a fluidez do processo da consciência por meio da corporeidade, da retomada da noção de ser um corpo que devolva à pessoa a sensação de possibilidades, o sentido de eu posso, de criação, de transformação.

Propomos, desse modo, o engajamento na situação, enfatizamos a relação com o mundo e com o outro como constitutiva do ser e como a origem do sentido. A situação de engajamento no mundo com o outro pode ser uma morada, um abrigo. Na Grécia antiga, a natureza era concebida como *ethos*, lugar de acolhida, morada, abrigo, onde pudéssemos nos sentir confiantes diante do outro diferente. É de modo corporal e pré-reflexivo, por meio de uma experiência que é sobretudo estética, que podemos nos conectar com o outro e "con-fiar", ou seja, fiar juntos o sentido da vida.

A concepção de *awareness* como abertura sensível e geração espontânea de formas está estreitamente relacionada a uma vertente de pensamento da qual a Gestalt-terapia é pioneira e inclui a psicologia no campo das perspectivas ético-estéticas. Perspectivas que se desviam do pensamento interpretativo-explicativo em direção à valorização da experiência, do risco, da aceitação e do acolhimento do novo e da diferença como formas criativas da existência.

A linguagem da terapia não é racional, mas poética, visando o trabalho com o fluxo de *awareness* à criação na mutualidade com o outro, um movimento *poiético*. Merleau-Ponty afirmou uma *poesia das relações humanas* como o apelo de cada liberdade a todas as outras. Podemos encerrar resgatando Holderlim, o poeta dileto de Heidegger, quando diz que *é poeticamente que o homem habita a Terra*, para afirmar a Gestalt-terapia como a busca de um modo poético de morar.

REFERÊNCIAS BIBLIOGRÁFICAS

ALVIM, M. B. "Corpo, corporeidade". In: D'ACRI, G.; LIMA, P.; ORGLER, S. (orgs.). *Dicionário de Gestalt-terapia – Gestaltês*. 2 ed. revista e ampliada. São Paulo: Summus, 2012.

BONDÍA, J. L. "Notas sobre a experiência e o saber da experiência". *Revista Brasileira de Educação*, n. 19, jan.-abr. 2002, p. 20-28. Disponível em: <http://www.anped.org.br/rbe/rbedigital/RBDE19/RBDE19_04_JORGE_LARROSA_BONDIA.pdf>. Acesso em: 19 out. 2013.

CHAUI, M. S. *Experiência do pensamento: ensaios sobre a obra de Merleau-Ponty*. São Paulo: Martins Fontes, 2002.

FERRAZ, M. S. A. "Notas sobre a passividade em Merleau-Ponty". *Trans/form/ação*, São Paulo, v. 26, n. 2, 2003, p. 65-83.

LATNER, J. *The Gestalt therapy book*. Gouldsboro: The Gestalt Journal Press, 1976.

LAUAND, J. *Aspectos do ensino na filosofia da educação de Tomás de Aquino – A memória e o concreto*. Notas de conferência proferida no I Colóquio Filosofia e Educação "Educação e Educadores", Faculdade de Educação da Universidade de São Paulo, 2004. Disponível em: <http://www.hottopos.com/rih8/jean.htm>. Acesso em: 2 fev. 2013.

MERLEAU-PONTY, M. *Ciências do homem e fenomenologia*. São Paulo: Saraiva, 1973.

______. *Fenomenologia da percepção*. São Paulo: Martins Fontes, 1994.

______. *O visível e o invisível*. São Paulo: Perspectiva, 2000.

MÜLLER-GRANZOTTO, M. J.; MÜLLER-GRANZOTTO, R. L. *Fenomenologia e Gestalt-terapia*. São Paulo: Summus, 2007.

PERLS, L. *Living at the boundary*. Highland: The Gestalt Journal, 1992

PERLS, F.; HEFFERLINE, R.; GOODMAN, P. *Gestalt-terapia*. São Paulo: Summus, 1997.

RIBEIRO, J. P. *Vade-mécum de Gestalt-terapia*. São Paulo: Summus, 2006.

ROBINE, J. M. *O self desdobrado*. São Paulo: Summus, 2006a.

ROBINE, J. M. (org.). *La psychothérapie comme esthétique*. Bordeaux: L'exprimerie, 2006b.

2

Contato: funções, fases e ciclo de contato

GLADYS COSTA DE MORAES
RÊGO MACEDO D'ACRI (GLADYS D'ACRI)

Em Ego, *fome e agressão* (1942/2002), livro escrito com a intenção de revisar a teoria e o método de Freud, Perls já apresentava uma visão de interdependência entre o organismo e o meio. Desde então, ele afirmava que nenhum organismo é autossuficiente e busca no meio a satisfação de suas necessidades. Nessa mesma obra, principiava sua noção de campo e manifestava o cuidado para não se presumir causalidade na relação organismo e meio. Além disso, prenunciava a importância que o conceito de contato assumirá mais tarde na Gestalt-terapia, quando escreve:

> [...] todo contato, seja ele hostil ou amigável, ampliará nossas esferas, integrará nossa personalidade e, por assimilação, contribuirá para nossas capacidades, desde que não esteja repleto de perigo insuperável e haja uma possibilidade de dominá-lo. (Perls, 2002, p. 110)

Mais que uma revisão da teoria e do método de Freud, Paul Goodman vislumbrou nas ideias apresentadas por Perls "uma forma fenomenológica de se compreender o holismo e a psicologia da Gestalt" (Müller-Granzotto e Müller-Granzotto, 2007,

p. 173). A partir daí, como estudioso de Husserl, Goodman "desenvolveu a peça mais fenomenológica da GT, a saber, a teoria do *self*" (Müller-Granzotto e Müller-Granzotto, 2007, p. 170), apresentada no livro *Gestalt-terapia* (1951/1997), escrito com Frederick Perls e Ralph Hefferline – livro esse que marca o lançamento da nova abordagem. Em toda a obra, evidencia-se a importância do conceito de contato na compreensão e na vivência da Gestalt-terapia. Aliás, ficou patente, pela articulação dos conceitos de campo, contato e fronteira de contato, a preocupação em apresentar um corpo teórico que superasse o pensamento dicotômico mente-corpo, sujeito-objeto, natureza-cultura, indivíduo-sociedade (Tellegen, 1984). Portanto, a compreensão desses três constructos – campo, contato e fronteira de contato – permitirá o desenvolvimento do pensamento do Gestalt-terapeuta para uma prática condizente com os preceitos dessa abordagem.

Perls reconheceu no enfoque da psicologia da Gestalt a importância de perceber os problemas no contexto da situação total, bem como um princípio organizador para a Gestalt-terapia. Todas as funções do animal ou do homem – sejam vegetativas, perceptivas, motoras, afetivas ou mentais – precisam de objetos e do ambiente para se completar, e esse campo interacional, que é físico e social, caracterizando uma visão "unitária", é chamado na Gestalt-terapia de "campo organismo/ambiente". "O contato se dá na superfície-fronteira *no* campo do organismo/ambiente" (Perls, Hefferline e Goodman, 1997, p. 68, grifo dos autores). O campo total forma uma unidade dialeticamente diferenciada que, segundo Perls (1981, p. 36), "[é] diferenciada biologicamente em organismo e meio, psicologicamente em si mesmo e o outro, oralmente em egoísmo e altruísmo, cientificamente em subjetivo e objetivo etc.". Uma vez que nessa concepção de campo nada pode ser compreendido de forma isolada, esse intercâmbio organismo-meio enfatiza a interação dialética de interferências recíprocas entre ambos, conforme explica Perls (*apud* Fagan e Shepard, 1980, p. 49):

> Nós e o nosso meio somos uma só coisa. Não podemos olhar sem ter algo para onde olhar. Não podemos respirar sem ar. Não podemos viver sem ser parte da sociedade. Portanto, não podemos, certamente, observar um organismo como se ele fosse capaz de funcionar em isolamento.

Com base nessa noção de campo, pode-se de início dizer que contato remete à ideia do organismo em um campo e às interações entre eles. Essas interações acontecem na fronteira de contato, isto é, onde ocorrem os eventos psicológicos, onde se distancia o perigo, transpõem-se os obstáculos, seleciona-se e assimila-se o que se requer para satisfazer uma necessidade ou fechar uma Gestalt, sendo, por isso, a fronteira de contato reconhecida como lugar de experiência. Nesse sentido, experiência é essencialmente contato (Perls, Hefferline e Goodman, 1997). O contato e o seu oposto, a fuga, são os meios de lidar na fronteira com objetos do campo. Para compreender esses opostos dialéticos, é preciso ter em mente que nem todo contato é saudável e que a fuga não tem conotação de boa ou má, sendo apenas uma maneira de o organismo lidar com o perigo na fronteira (Perls, 1981). Como é na fronteira que os fatos ocorrem, é nela que as mudanças acontecem. Vale salientar que o conceito de fronteira refere-se à diferenciação e à interdependência dos elementos contidos no campo, sendo portanto funcional e não uma delimitação física propriamente dita. Assim, ela não pertence nem ao organismo nem ao meio, ela está no entre. O funcionar da fronteira entre o organismo e seu ambiente (Perls, Hefferline e Goodman, 1997) é chamado de contato.

Segundo Perls, Hefferline e Goodman (1997, p. 44-5),

> "primordialmente, o contato é a *awareness* da novidade assimilável e comportamento com relação a esta; e rejeição da novidade inassimilável [...] Todo contato é ajustamento criativo do organismo e ambiente". Dessa forma, o que é sempre igual ou indiferente não é um objeto de contato, como os ajustamentos conservadores, por exemplo, pois contato envolve criatividade e dinamismo uma vez que "implica em atração e rejeição, em aproximação e distanciamento, em sentir, avaliar, discernir, comunicar, lutar, detestar, amar" (Tellegen, 1984, p. 49).

A interação do organismo com o meio se dá por meio dos sistemas sensorial e motor, que atuam de maneira interdependente, porém com funções distintas, na satisfação das necessidades. Manifestações da excitação como ritmo, vibração, tremor e afeto, quando transformadas em emoções específicas, permitem que o sistema sensorial discrimine o que o organismo necessita para que o sistema motor manipule o objeto de que esse mesmo organismo precisa (D'Acri e Orgler, 2007). Portanto, esse esquema sensório-motor imbricado no processo de contatar designa os modos de sentir e mover, de "ir para" e "pegar" no ambiente (Robine, 2006).

Laura Perls (1994) contribui definindo contato como a experiência do limite entre o eu e o outro e diferenciando estar em contato de estabelecer contato. Segundo ela, "estar em contato se refere a um estado contínuo que se conduz gradativamente para a indiferença (confluência). Estabelecer contato é uma função da formação de figura, supõe estar esperto, estar alerta etc." (p. 87, tradução nossa). Para esclarecer essa distinção, tomemos como exemplos a respiração e a fome. A autorregulação conservadora garante a sobrevivência do indivíduo, portanto o ato de respirar requer do organismo estar em contato permanente com o ambiente, ainda que o indivíduo não precise estar consciente para manter essa função. Por outro lado, estabelecer contato envolve a consciência da necessidade dominante, a figura, além do confronto com o desconhecido, o qual poderá ser provocado por um desequilíbrio organísmico ou por uma exigência externa. Dessa forma, a necessidade de comer, a qual exige um contato periódico organismo/ambiente, levará o indivíduo a "ir para" e "pegar" no ambiente – a comida, por exemplo. É relevante esclarecer que a expressão "contato consigo mesmo" é usada de modo distorcido por muitos Gestalt-terapeutas. Na medida em que o contato pressupõe um não eu, um objeto exterior, como será visto a seguir, essa expressão passa a não ser pertinente para designar uma experiência que se nomeia simplesmente de consciência (Robine, 2006). Além disso, essa expressão pode levar à ideia errônea de que é um processo intrapsíquico e, analogamente, à noção de que estabelecer contato prescinde do campo.

O ser humano é um ser relacional e seu crescimento ocorre na inter-relação entre eu e não eu, entre o que somos e o que não somos. Ele vive em seu meio pela manutenção de sua diferença, assimilando o ambiente à sua diferença. Por isso no ato de contatar outro ser humano há o reconhecimento desse outro, pois o outro é o não eu, o diferente, o novo, o que provoca estranheza – e, quando se entra em contato com esse outro na fronteira, algo é assimilado e ambos crescem. Não obstante, Perls,

Hefferline e Goodman (1997, p. 44-5) salientam que "o contato não pode aceitar a novidade de forma passiva ou meramente se ajustar a ela, porque a novidade tem que ser assimilada".

Esse processo de assimilação de algo do ambiente garante o crescimento do organismo e, assim, a sua preservação: "É somente o que se preserva que pode crescer pela assimilação, e é somente o que continuamente assimila a novidade que pode se preservar e não degenerar" (Perls, Hefferline e Goodman, 1997, p. 179). Essa é a própria dinâmica do contato. Ainda segundo os autores (*ibidem*, p. 48),

> a preocupação é sentida por um problema atual, e o excitamento cresce em direção à solução vindoura, mas ainda desconhecida. O assimilar da novidade se dá no momento atual à medida que este se transforma no futuro. Seu resultado nunca é um mero agregamento de situações inacabadas do organismo, mas uma configuração que contém material novo do ambiente.

Para responder a perguntas inerentes ao processo de contato, Perls, Hefferline e Goodman (2007, p. 202) "perceberam a necessidade de uma investigação mais sistemática sobre essa que é a principal herança da fenomenologia para a GT, precisamente, a noção de temporalidade"; assim,

> é a partir dessa noção que [...] a GT se apropria da teoria fenomenológica da intencionalidade para pensar as propriedades e as dinâmicas do *self*. Em decorrência disso, Goodman [...] dedicou-se a operar uma fenomenologia do *self* entendido como sistema temporal de contatos no presente transiente. (Müller-Granzotto e Müller-Granzotto, 2007, p. 202)

Em situações de contato, o *self* "é a força que forma a Gestalt no campo" (Perls, Hefferline e Goodman, 1997, p. 180), e a sua atividade é formar figuras e fundos. "O *self* é flexivelmente variado, porque varia com as necessidades orgânicas dominantes e os estímulos ambientais prementes; é o sistema de respostas." (p. 49). Nesse sentido, o *self* não é considerado uma entidade fixada ou uma estrutura fixa na qual a mudança é impedida de ocorrer; ao contrário, é compreendido como um processo, um sistema de contatos que integra funções perceptivo-proprioceptivas, motor-musculares e necessidades orgânicas e existirá "onde quer que haja de fato uma interação de fronteira e sempre que ela existir" (p. 179). Dessa maneira, ele é o próprio funcionamento da fronteira de contato. É o integrador. "É o artista da vida"; "é só um pequeno fator na interação total organismo/ambiente, mas desempenha o fator crucial de descobrir e realizar os significados por meio dos quais nos desenvolvemos" (p. 49).

O funcionamento do *self* permite o ajustamento criativo do organismo/ambiente. O *self* opera em três modos, a saber: id, ego e personalidade. Esses modos de funcionamento indissociáveis do *self* permitem-lhe atuar com intensidades diferentes, que variam de acordo com as etapas do processo de contato.

Durante o processo de ajustamento criativo, ocorre uma sequência ininterrupta de formação e destruição de *Gestalten* descritas em quatro fases: pré-contato, processo de contato ou contatando, contato final e pós-contato.

Na primeira fase, o pré-contato, o corpo é o fundo e a figura, as excitações orgânicas (fisiologia), as situações inacabadas do passado que se tornam inconscientes ou algum estímulo do ambiente (o "dado" da situação), portanto a figura ainda não está propriamente definida e o *self* está em seu modo *id*.

Na segunda fase, o contatando, o fundo são as excitações e a figura será "algum objeto" ou um "conjunto de possibilidades". O *self* em seu modo ego aproxima, avalia, escolhe ou rejeita as possibilidades oferecidas pelo campo. É o ego deliberando. É "a intensificação do contato em andamento, incluindo o comportamento motor, a agressão, a orientação e a manipulação" (Perls, Hefferline e Goodman, 1997, p. 184).

Na terceira etapa, chamada de contato final, o fundo quase não existe e a figura toma todo o interesse do *self* de maneira que ele é a própria figura, formando uma unidade figura/fundo, uma confluência saudável, sem fronteiras estabelecidas, sem deliberação. O *self* então concretizará uma ação. O modo ego ainda atua, porém com menos intensidade.

A quarta fase desse processo é o pós-contato, a consequência do contato, ou seja, a assimilação da novidade e, portanto, o crescimento, a mudança, a transformação. A Gestalt se completa. O que foi assimilado faz parte agora do fundo de experiências, do vivido, da autorregulação fisiológica, do conservativo. O *self* pode agora "se identificar com uma certa personalidade" que é a figura criada na qual ele se transformou e assimilou ao organismo, unindo-a com os resultados de um crescimento anterior (Perls, Hefferline e Goodman, 1997; Robine, 2006; Müller-Granzotto e Müller-Granzotto, 2007). E assim é uma experiência de contato: uma após a outra, mas apenas uma de cada vez. Essa exposição corresponde à concepção de Goodman de um ato de contato sem qualquer interrupção.

O contato de má qualidade circunscreve uma figura opaca, confusa, sem vigor. Quando isso acontece, denota que o campo não pode emprestar sua urgência e seus recursos para o fechamento da figura. Quando Perls, Hefferline e Goodman (1997) afirmaram que figura e fundo são polos, eles queriam dizer que uma figura é reconhecida como tal porque existe um fundo que contrasta com ela, sendo o fundo sem sua figura parte de uma figura maior e vaga. Quando não há fluidez na dinâmica de formação figura/fundo, ocorrem as disfunções do contato, ou seja, as interrupções na sequência de contato; dependendo do momento em que isso acontece, haverá um tipo de implicação para o *self*.

Por ora, serão apresentados apenas os nomes e os momentos da interrupção, pois no capítulo sobre fronteira de contato esses conceitos serão discutidos de forma minuciosa. Quando a interrupção se dá antes da nova excitação, quando a fronteira de *self* está excessivamente permeável, ocorre a confluência. Se for durante a excitação, o *self* introjeta. Quando ocorre no confronto com o ambiente, resulta em projeção. Se a interrupção for durante o conflito e o processo de destruição, então há a retroflexão. E, por fim, se a interrupção acontecer no contato final, ela será chamada de egotismo. Portanto, identificar os momentos das interrupções é fundamental, pois permite delinear as noções de saúde e patologia – as quais, por sua vez, nortearão as atitudes terapêuticas. Uma vez que o restabelecimento da dinâmica figura e fundo só é possível por meio do contato, da *awareness* e do comportamento, esse processo será de vital importância na psicoterapia.

Antes de apresentar as contribuições de autores mais contemporâneos ao tema deste capítulo, algumas questões precisam ser pensadas. A teoria do *self*, tal qual concebida por Goodman e Perls, é a única maneira de explicar os constructos gestálticos?

Segundo Robine (2006, p. 49), frequentemente o *self* gestáltico se viu reduzido ao "organismo" ou a um de seus equivalentes semânticos. No entanto, quando Perls e Goodman definem *self*, eles o fazem com base no reconhecimento de que "[*self*] é só um pequeno fator na interação total organismo/ambiente"; nesse sentido, como vimos, o campo, enquanto "organismo/ambiente", forma uma única entidade. A partir disso, Robine (2006) aponta para um dos pontos obscuros da teoria do *self* que parece ser também um dos responsáveis pela pseudocontradição às formulações propostas por Perls e Goodman, mais precisamente a temporalidade do *self*.

Na literatura gestáltica, essa proposição muitas vezes não é bem compreendida porque nem todos os discípulos de Perls compartilham das mesmas ideias advindas da fenomenologia de Husserl e Brentano. Sobre isso, Robine (*apud* Müller-Granzotto e Müller-Granzotto, 2007, p. 170) chama a atenção para a diferença com a qual americanos e europeus, por exemplo, apreendem a fenomenologia: "Enquanto os primeiros utilizam esse termo para designar uma experiência vivida, os outros a entendem de uma maneira muito técnica, significando as filosofias desenvolvidas por Brentano e Husserl, por exemplo". Goodman pertenceu a esse segundo grupo. O americano Erving Polster, numa palestra no Rio de Janeiro, em maio de 2005, comentou que nunca estudou fenomenologia. Essa revelação talvez explique suas contribuições para a teoria do contato a partir da visão de homem natural, com uma representação espacial. Ele e Miriam Polster (2001), sua esposa, nomeiam como funções de contato o falar, o olhar, o escutar etc., conforme será exposto a seguir, mas esses processos não diferem das funções de contato descritas por Perls, Hefferline e Goodman (1997)? Em comunicação pessoal a esta autora por ocasião do desenvolvimento deste capítulo, Rodrigues (2013) explica:

> [...] a visão dele [Erving] é totalmente "naturalizada", ou seja, ele vê um homem, concreto, em ação, usando seus meios naturais de contato com o mundo, tal como olfato, tato, visão, audição, voz, paladar, movimento. Logo, para o contato, Polster pensará em "meios", em caminhos concretos por onde a informação "que está lá no mundo" "entrará" em nossa fronteira de contato.

Erving e Miriam Polster (2001) dedicaram ao tema funções de contato um capítulo inteiro no livro *Gestalt-terapia integrada*. De acordo com a visão do casal, "é apenas pela função de contato que a percepção de nossas identidades pode se desenvolver plenamente." (p. 112). Explicam que "o contato quase sempre significa toque", pois, mesmo que as experiências de contato "possam centrar-se ao redor de um dos quatro sentidos, ainda envolvem ser tocados" (p. 139). E exemplificam: "Ouvir é ser tocado, na membrana basilar, por ondas de som; cheirar e provar o gosto, é ser tocado por substâncias químicas, gasosas ou dissolvidas" (p. 140). Em contrapartida, "por causa da contiguidade no contato, é tentador dar maior prioridade ao próprio toque, desvalorizando assim o contato que pode ser feito através do espaço" (p. 140) – como conversar, ver e ouvir. Eles afirmam ainda que para que haja o mesmo impacto que o toque nos meios não contíguos de contato o indivíduo deverá ressoar com ele, sendo a "capacidade de ressoar com a própria experiência que possibilita a uma pessoa responder com contato e que outra bloqueie acontecimentos que parecem ter intensidade ou agudeza comparáveis" (p. 140). Eles descrevem sete funções de contato: tocar, olhar, escutar, cheirar, degustar, falar (voz e linguagem) e movimentar. Tais funções possibilitam que o organismo assuma, de fato, uma atitude de interesse em determinada situação, alcançando assim contato. Também é por meio das perturbações dessas funções que o contato é evitado. Pelas funções de contato, alguns aspectos deverão ser observados e desenvolvidos para permitir o movimento saudável do organismo. Tais aspectos envolvem, por exemplo: um toque com permissão para a exploração do corpo; um olhar sem fuga; uma escuta ativa e efetiva para a identificação das necessidades prementes; a ampliação da capacidade olfativa e gustativa visando à apreciação e à discriminação do que o ambiente propicia; uma forma de falar que inclua graça, expressividade e diretividade; e movimentos que integrem sensações ao corpo (Pimentel, 2003).

O casal Polster (2001, p. 140) conclui lembrando que, embora se possa "descrever sete funções de contato, quando este é feito, é o mesmo para todas as funções; existe uma carga de excitação dentro do indivíduo que culmina num senso de pleno envolvimento com o que quer que seja interessante naquele momento".

Silveira e Peixoto (2012, p. 94) apontam para o aspecto da construção da subjetividade por meio das funções de contato que "são atravessadas pela cultura no processo de contatar. Cada um perceberá o mundo a partir dos interesses e de todo um processo de aprendizado de como ver e sentir o mundo". Quadros (2007, p. 217) afirma que "a função de contato é a abertura por meio dos sentidos para vivenciar as trocas com o mundo". Cardella (2002, p. 51) acrescenta que "é mediante estas funções que podemos estabelecer contato de boa qualidade, organizar boas fugas, ou interromper e obstruir o contato".

Logo, as funções de contato são fundamentais à medida que se transformam em suporte e facilitam o processo de contato. O contrário também acontece, isto é, as funções de contato funcionam como resistência se bloqueiam o contato desejado ou impedem a satisfação das necessidades. Desse modo, para facilitar a fluidez no processo de contato com o ambiente, as funções de contato são recursos que se podem utilizar na psicoterapia.

Como instrumento de orientação para o trabalho terapêutico, os Gestalt-terapeutas se utilizam do ciclo do contato para identificar o contato em funcionamento e, consequentemente, suas interrupções. Ao longo dos anos, diversos autores apresentaram modelos de representação do contato subdividindo-o em etapas, que variam entre três e nove, de acordo com o preciosismo do autor. Desse modo, por exemplo, Zinker (2007) identifica seis fases: sensação, tomada de consciência, mobilização de energia, ação, contato e retração; o casal Polster (*apud* Ginger e Ginger, 1995) reconhece oito: emergência de necessidade, expressão, luta interna, definição, impasse, acme (*sic*) [clímax], iluminação e reconhecimento; Ribeiro (2006) distingue nove: fluidez, sensação, consciência, mobilização, ação, interação, contato final, satisfação e retirada. Essas fases são nomeadas com aparentes diferenças, no entanto, na prática clínica, nem sempre são identificadas facilmente.

Ribeiro (2007, p. 43) reuniu algumas variações também nas denominações do ciclo do contato, constatando que não há uma visão única:

> Petruska Clarkson (1989) fala de "Ciclo de formação e destruição de Gestalt", e, às vezes, de "Ciclo da Saúde". Zinker (1979) fala de "Ciclo consciência-excitação-contato". Gilles Deslile (1999) fala

de "Ciclo de Experiência", Serge e Anne Ginger (1995) falam de "Ciclo do Contato". Ribeiro (1995) fala de "Ciclo dos Fatores de Cura e Bloqueios do Contato" e Ribeiro (1997) fala de "Ciclo do Contato e Fatores de Cura".

De igual variação são os esquemas escolhidos por alguns autores para representar o ciclo. Seja um círculo, uma curva ou apenas uma descrição, de maneira geral os diversos autores "veem no ciclo do contato um modelo teórico por meio do qual o processo de contato pode ser visualizado como expressão fenomenológica de uma realidade vivida e experimentada" (Ribeiro, 2007, p. 88). Assim, poderá ser um instrumento de diagnóstico processual, tal como a própria natureza do ciclo.

Seria a sequência de contatos descrita por Goodman o que se chama de ciclo do contato? Segundo o casal Müller-Granzotto (2007, p. 235-6), "a apresentação temporal das dinâmicas do *self* não implica considerá-las como uma forma de ciclo ou de linearidade causal". No entanto, Ginger e Ginger (1995) incluíram em seu livro a descrição de Goodman no tópico do ciclo do contato e escrevem apenas uma nota explicando que não há um esquema que o represente. Para que nomes diversos para descrever o ciclo, as fases, as disfunções e as funções de contato? Essas diferenças apontam para o quê? São olhares diversos para o mesmo fenômeno, no caso o *self* e sua dinâmica? Por que Perls não manteve o que ele e Goodman propuseram? Em escritos posteriores de Perls, isso se evidencia, conforme a observação de Robine (2006, p. 11):

> Nos anos que se seguiram, a ênfase colocada em um ou outro fragmento do todo foi apagando progressivamente a ruptura epistemoló-

> gica que Perls e Goodman nos proporcionaram, suavizando o impacto dessa abordagem e nos fazendo retroceder em elaborações frequentemente mais pobres do que as que haviam contribuído para a nova Criação. Assim, para citar apenas um exemplo, o retorno, em um Perls tardio, a uma certa forma de teorização e de prática do tipo "psiquista" ("intrapsíquica", ou solipsista) constitui, a meu ver, uma regressão.

Em face do exposto, essas perguntas têm como objetivo levar o leitor a refletir sobre aspectos divergentes e/ou obscuros da Gestalt-terapia. Vários autores, alguns deles citados no presente capítulo, têm se dedicado à releitura de *Gestalt-terapia* com a finalidade de elucidar aspectos como esses e outros. Considerando a Gestalt-terapia a arte de lidar com as diferenças, sabe-se que jamais haverá uma única visão, pois seria incongruente com os seus próprios preceitos.

Além disso, constata-se que o conceito de contato é o eixo central dessa abordagem, sendo a Gestalt-terapia muitas vezes definida como terapia do contato. No decorrer do processo terapêutico, a relação construída com o cliente é baseada no contato que cada um dos pares estabelece consigo mesmo e com o outro, em como toca o outro e é por ele tocado, mas tocar no sentido lato. Se o terapeuta for capaz de, como diz Quadros (2007, p. 126), "captar sem capturar, experienciar sem classificar, resgatar sem recuperar, acompanhando a pessoa em seu fluxo livre em busca de si mesma", pode surgir uma relação de nutrição. Se há nutrição, é porque o contato foi enriquecido e, portanto, houve crescimento, transformação. Não obstante, sabe-se que não é fácil, pois a prática clínica aponta para uma infinitude de *Gestalten* inacabadas, trazidas na vivência dos clientes. Entretanto, aqueles que persistem no caminho do crescimento comprovam o que Casarin (2008, p. 96) registrou sobre sua experiência clínica: "o Contato pode nos trazer muita dor. E traz. Mas é dor de nascimento e crescimento, que, logo ou mais adiante, vai fazer a magia da liberdade".

REFERÊNCIAS BIBLIOGRÁFICAS

Cardella, B. H. P. *A construção do psicoterapeuta: uma abordagem gestáltica*. São Paulo: Summus, 2002.

Casarin, D. *Contato*. Rio de Janeiro: Revinter, 2008.

D'Acri, G.; Orgler, S. "Sistema sensoriomotor". In: D'Acri, G.; Lima, P.; Orgler, S. (orgs.). *Dicionário de Gestalt-terapia – Gestaltês*. São Paulo: Summus, 2007.

Fagan, J.; Shepard, I. L. (orgs.). *Gestalt-terapia: teoria, técnicas e aplicações*. Rio de Janeiro: Zahar, 1980.

Ginger, S.; Ginger. A. *Gestalt: uma terapia de contato*. São Paulo: Summus, 1995.

Müller-Granzotto, M. J.; Müller-Granzotto, R. L. *Fenomenologia e Gestalt-terapia*. São Paulo: Summus, 2007.

Perls, F. S. *A abordagem gestáltica e testemunha ocular da terapia*. Rio de Janeiro: Zahar, 1981.

________. (1942) *Ego, fome e agressão: revisão da teoria e método de Freud*. São Paulo: Summus, 2002.

Perls, F. S.; Hefferline, R.; Goodman, P. (1951) *Gestalt-terapia*. São Paulo: Summus, 1997.

Perls, L. *Viviendo en los límites*. Valência: Promolibro, 1994.

Pimentel, A. *Psicodiagnóstico em Gestalt-terapia*. São Paulo: Summus, 2003.

Polster, E.; Polster, M. *Gestalt-terapia integrada*. São Paulo: Summus, 2001.

Quadros, L. C. T. "Função e disfunção de contato". In: D'Acri, G.; Lima, P.; Orgler, S. (orgs.). *Dicionário de Gestalt-terapia – Gestaltês*. São Paulo: Summus, 2007.

Ribeiro, J. P. *Vade-mécum de Gestalt-terapia: conceitos básicos*. São Paulo: Summus, 2006.

______. "Ciclo do contato". In: D'Acri, G.; Lima, P.; Orgler, S. (orgs.). *Dicionário de Gestalt-terapia – Gestaltês*. São Paulo: Summus, 2007.

Robine, J-M. *O self desdobrado: perspectiva de campo em Gestalt-terapia*. São Paulo: Summus, 2006.

Rodrigues, H. E. *Comunicação pessoal*. 10 jun. 2013.

Silveira, T. M.; Peixoto, P. T. C. *A estética do contato*. Rio de Janeiro: Arquimedes, 2012.

Tellegen, T. *Gestalt e grupos*. São Paulo: Summus, 1984.

Zinker, J. *Processo criativo em Gestalt-terapia*. São Paulo: Summus, 2007.

3
Fronteiras de contato

SANDRA SALOMÃO

LILIAN MEYER FRAZÃO

KARINA OKAJIMA FUKUMITSU

As abordagens humanistas, de forma geral, e a Gestalt-terapia, em particular, enfatizam o crescimento e o desenvolvimento humanos, os quais são concebidos como processos que ocorrem ao longo da vida do indivíduo. A noção de fronteira de contato é uma das pedras angulares da Gestalt-terapia, razão pela qual Perls, Hefferline e Goodman, os criadores da abordagem, iniciam sua explanação teórica por esse conceito. Dizem eles (1997, p. 41):

> A experiência se dá na fronteira entre o organismo e seu ambiente, primordialmente a superfície da pele e os outros órgãos de resposta sensorial e motora. A experiência é função desta fronteira, e psicologicamente o que é real são as configurações "inteiras"[1] desse funcionar, com a obtenção de algum significado e a conclusão de alguma ação.

---

1. No original, os autores escrevem: "[...] what is real are the whole configurations of this functioning, some meaning being achieved, some action completed". Cremos que o ideal seria traduzir essa passagem da seguinte maneira: "[...] o que é real são as 'totalidades' desse funcionamento, que resultam em algum significado e na conclusão de uma ação".

Não nos parece ser acaso que essa citação seja a primeira frase do livro *Gestalt-terapia* (1997), o precursor da abordagem, uma vez que ao conceito de fronteira de contato estão atreladas outras concepções. Por considerarmos que todos os conceitos apresentados neste volume estão inter-relacionados, neste capítulo, serão feitas menções aos outros capítulos nos quais estes conceitos foram apresentados de maneira mais aprofundada.

Circunscreve-se ao tema da fronteira o processo de funcionamento do homem em situação – o campo: "[...] em qualquer investigação biológica ou sociopsicológica o tema concreto é sempre um campo organismo/ambiente. Não há nenhuma função, de qualquer animal, que seja definível a não ser como função de semelhante campo" (Perls, Hefferline e Goodman, 1997, p. 178).

Em Gestalt-terapia, a noção de campo inclui tanto organismo quanto meio (ou ambiente, como preferem alguns autores), sendo a fronteira de contato justamente o que une e separa o organismo e o meio nesse campo. Em virtude da visão holística da abordagem, acreditamos ser impossível separar organismo e ambiente, razão pela qual preferimos grafar organismo/meio (ou organismo/ambiente, como preferem alguns autores) separados por barra em lugar da partícula "e", que sugere separação.

O Capítulo 4 abordou o sistema *self*, e a estreita relação entre a fronteira de contato e esse sistema convida à reflexão sobre a permeabilidade e a plasticidade da fronteira de contato, que apresentaremos neste capítulo. Perls, Hefferline e Goodman (1997, p. 179) mencionam que "não se deve pensar *self* como uma instituição fixada; ele existe onde quer que haja de fato uma interação de fronteira e sempre que esta existir"; assim, o sistema *self* é responsável pelos ajustamentos criativos na fronteira de contato.

Crescimento e desenvolvimento implicam trocas entre o indivíduo e seu meio, surgindo por meio dessas trocas a possibilidade de entrar em contato com o novo e com o diferente. A essas trocas damos o nome de contato (veja o Capítulo 2). Nas palavras de Polster e Polster (2001, p. 114), "[...] o contato é implicitamente incompatível com permanecer o mesmo. A pessoa não precisa tentar mudar por meio do contato; a mudança simplesmente acontece".

Denominamos de *fronteira de contato* o "lócus" do contato, onde organismo e ambiente interagem. Segundo Perls, Hefferline e Goodman (1997, p. 45), crescimento

> [...] é função da fronteira de contato no campo organismo/meio; é por meio de ajustamento criativo, mudança e crescimento que as unidades orgânicas complicadas[2] persistem na unidade maior do campo".

Embora pensemos fronteira como "lócus", lugar, isso não significa um lugar predeterminado ou um órgão específico, tampouco algo fixo, mas algo que muda de acordo com as circunstâncias, demandas, necessidades etc., como de resto todo o sistema *self* de contatos não é fixo e permanente.

A utilização do termo "fronteira" recebeu influências da teoria de campo de Kurt Lewin, que (1975) se referiu às "fronteiras do eu" – elemento regulador entre o meio interno e o meio externo que diferencia o plano da realidade de planos irreais.

---

2. Embora o original fale literalmente em "complicated organic units", cremos que a tradução mais adequada seria "unidades orgânicas complexas".

> O plano de realidade pode ser caracterizado, sucintamente, como o plano dos "fatos" a que uma existência, independente dos próprios desejos do indivíduo, é atribuída. É o domínio do comportamento realista, das dificuldades insuperáveis etc.
>
> Os planos mais irreais são os das esperanças e sonhos, com frequência os da ideologia. (Lewin, 1975, p. 106)

Embora o conceito, tal como formulado por Lewin, se diferencie do conceito como formulado por Perls, Hefferline e Goodman, acreditamos ser importante reconhecer tanto a influência de Lewin no que concerne ao termo "fronteira" quanto a diferença entre os conceitos de fronteira em um e outro(s) autor(es). Enquanto Lewin postula uma fronteira que diferencia o real do irreal e a noção de fronteira em Gestalt-terapia se refere ao organismo/ambiente, alguns autores preferem falar em fronteira eu/não eu em lugar de fronteira de contato.

Tecemos aproximações entre a plasticidade da fronteira de contato, tema que abordaremos a seguir, e a "firmeza funcional das fronteiras entre o indivíduo e o seu meio ambiente", apontada por Lewin (1975, p. 110): "Do ponto de vista dinâmico, o indivíduo é um sistema relativamente fechado. Com que força o ambiente atua sobre o indivíduo será determinado, portanto (independentemente da estrutura e das forças da situação), pela *firmeza funcional das fronteiras* entre o indivíduo e o seu meio ambiente". Ainda segundo o mesmo autor (p. 111), "a menor firmeza da fronteira entre o eu e o meio ambiente tem uma influência direta sobre a separação menos nítida entre as camadas do real e do irreal".

A partir daí, Perls, Hefferline e Goodman cunharam a expressão "fronteira de contato" com sentido análogo – ou, nas palavras desses autores (1997, p. 43, grifo nosso):

> Quando dizemos "fronteira" pensamos em uma "fronteira entre"; mas a fronteira de contato, onde a experiência tem lugar, não separa o organismo e seu ambiente; em vez disso limita o organismo, o contém e protege, ao mesmo tempo que contata o ambiente. Isto é, expressando-o de maneira que deve parecer estranha, a fronteira de contato – por exemplo, *a pele sensível – não é tão parte do "organismo" como é essencialmente o órgão de uma relação específica entre o organismo e o ambiente.* Primordialmente, como tentaremos mostrar mais adiante, essa relação específica é crescimento.

Como se observa no trecho grifado, a pele poderia, metaforicamente, representar a fronteira de contato, pois não é apenas parte de um organismo, mas o órgão de uma relação entre o organismo e o meio, ou seja, a fronteira traduz também o estilo de relação das pessoas com uma diversidade de campos de possibilidades de contato: porosa e permeável quando se trata de uma novidade assimilável; ou limitada e defensiva quando se trata de uma novidade difícil de assimilar ou ameaçadora. Além disso, o funcionamento da fronteira pode ser comparado ao funcionamento da membrana citoplasmática – que envolve as células para que elas não percam líquido ou elementos, sendo responsável por sua relação com o meio extracelular. A membrana é seletiva e semipermeável; deixa entrar o que é nutritivo, mantém o conteúdo do meio intracelular estável e elimina o que não é mais necessário. Essa organização intercelular em processo é semelhante a todas as outras situações de fronteira vividas no relacionamento entre pessoas.

Como ilustração, pode-se pensar que, quando uma pessoa segura a mão de outra, costuma ocorrer uma alteração de temperatura tanto na mão que toca quanto na que está sendo tocada. Essa "nova" temperatura não pertence nem a uma mão nem à outra, sendo um fenômeno da fronteira de contato.

> O estudo do modo como o ser humano funciona no seu meio é o estudo do que ocorre na fronteira de contato entre o indivíduo e seu meio. É neste limite de contato[3] que ocorrem eventos psicológicos. Nossos pensamentos, ações, comportamentos e nossas emoções são nossa maneira de vivenciar e encontrar esses fatos limítrofes.[4] (Perls, 1988, p. 31)

Dessa maneira, retomando os estudos de Lewin (1975) e transpondo-os para a abordagem gestáltica, a fluidez e o dinamismo são dois aspectos implicados diretamente na firmeza da fronteira eu-meio, que depende não apenas do organismo, mas das condições do ambiente e das diversas situações e das relações entre diferentes pessoas.

Conforme aponta Frazão (2011, p. 67), em português a palavra "fronteira" descreve duas realidades distintas:

- A fronteira que pode ser atravessada e transposta, como é o caso da fronteira geográfica, como as que delimitam cidades, estados e países.
- A fronteira que não pode ser transposta nem atravessada, caso da fronteira de contato da qual falamos em Gestalt-terapia.

---

3. O original menciona"contact boundary", por isso achamos mais adequado falar em "fronteira de contato".
4. O original menciona "boundary events", por isso achamos mais adequado falar em "eventos da fronteira".

Em inglês, porém, existem duas palavras diferentes para o termo "fronteira": "*border*" e "*boundary*". Enquanto "border" se refere à fronteira que pode ser atravessada e transposta, "*boundary*" denomina aquela que não pode ser transposta nem atravessada.

Ao utilizar o termo "*contact boundary*", Perls, Hefferline e Goodman estabeleceram uma questão relativa à natureza da fronteira de contato que é significativa em nossa abordagem e tem ligação com o fato de "*boundary*" ser uma fronteira não transponível, não atravessável. A fronteira de contato é delimitadora daquilo que é "eu" em relação àquilo que é "não eu". Porém, embora delimitadora, ela não é atravessável: não posso entrar no "não eu", posso apenas contatá-lo.

A pessoa pode experienciar o *eu* e diferenciar-se do *não eu*, o qual pode referir-se tanto a coisas (conhecimento, alimento etc.) quanto a pessoas. De acordo com Tellegen (1982, p. 85):

> O contato é uma ocorrência de fronteira, fronteira eu-não eu, conhecido-desconhecido, velho-novo. A fronteira de contato é dialeticamente ao mesmo tempo o ponto de divisa e o ponto de união, uma fronteira que tem nada de físico, que não é fixa mas que, à medida que delimita, possibilita o encontro com o novo, o diferente. É na fronteira que pode ocorrer mudança, transformação.

Dessa maneira, enfatiza-se que é na fronteira de contato que "eu" e "não eu" se encontram e, ao mesmo tempo, se diferenciam.

Assim, podemos dizer que no organismo saudável, em situação de bom funcionamento, a fronteira de contato é dotada de plasticidade e permeabilidade. Lembrando que plasticidade e permeabilidade da fronteira não são fixas e absolutas – sua adequação dependerá da relação organismo/meio a cada momento.

Plasticidade se refere à possibilidade de expansão e retração da fronteira: em situações de conforto, segurança e disponibilidade suficientes, a fronteira de contato se amplia a fim de contatar o novo, o diferente. Já em situações de ameaça ou perigo, ela se retrai com vistas a preservar o indivíduo.

Permeabilidade, por sua vez, refere-se à possibilidade de trocas entre indivíduo e ambiente.

A diversidade de percepções, tanto ameaçadoras quanto confortáveis, acontece porque envolve a fronteira de contato no campo. Portanto, é

> [...] na fronteira que os perigos são rejeitados, os obstáculos superados e o assimilável é selecionado e apropriado. Bem, o que é selecionado e assimilado é sempre o novo; o organismo persiste pela assimilação do novo, pela mudança e crescimento. (Perls, Hefferline e Goodman, 1997, p. 44)

Ainda para os autores (*ibidem*, p. 45) "[...] *a psicologia é o estudo dos ajustamentos criativos*. Seu tema é a transição sempre renovada entre a novidade e a rotina que resulta em assimilação e crescimento". À medida que o organismo entra em contato com a novidade e ocorre assimilação e apropriação do que é nutritivo e/ou rejeição do que é nocivo, mudança e crescimento se configuram.

Erving e Miriam Polster, em seu livro *Gestalt-terapia integrada* (2001, p. 111-37), se referem a seis fronteiras: fronteiras do eu, fronteiras do corpo, fronteiras de valores, fronteiras de familiaridade, fronteiras expressivas e fronteiras de exposição. Todas elas estão relacionadas com nossos valores, crenças, mitos, princípios, experiências, com a cultura familiar e social na qual estamos insertos etc.

A *fronteira do eu* envolve todas as outras fronteiras e diz respeito às experiências de vida e à capacidade que a pessoa tem de assimilar novas experiências. Nesse sentido, o contato será mais ou menos permissível, próximo e íntimo. A fronteira do eu envolve lembranças, imagens, valores, ações, ideias; a depender de sua permeabilidade ou não, possibilitará maior ou menor grau de envolvimento com o novo e com o diferente. Quanto mais rígida for a fronteira do eu, menos a pessoa tenderá a aceitar correr algum tipo de risco, o que é necessário – e quiçá inevitável – para os processos de crescimento e desenvolvimento. Muitas vezes, ao longo do processo psicoterapêutico, utilizamos experimentos que favoreçam à pessoa ter novas experiências e, dessa forma, aumentar a flexibilização da fronteira, ampliando as possibilidades de troca com o ambiente.

Em Gestalt-terapia, dada nossa visão holística de homem percebido como totalidade, consideramos não apenas aquilo que o cliente comunica verbalmente, mas tudo aquilo que ele expressa de qualquer outra forma, particularmente com o corpo. Erving e Miriam Polster destacam as *fronteiras do corpo* que têm relação com nossos limites e possibilidades corporais; dito de outra maneira, até que ponto somos permissivos ou não no que concerne ao contato corporal. Assim como algumas pessoas apreciam e/ou valorizam determinada parte do corpo (o rosto, as pernas, o colo etc.), elas também demonstram *awareness* de má qualidade de outras partes, nem percebendo quanto essas partes do corpo são expressivas. Por exemplo, uma cliente apresentava uma rigidez particular na região pélvica, embora o restante do corpo se movimentasse de forma integrada e graciosa. Ao longo do processo terapêutico, foi evidenciando que a rigidez pélvica tinha relação com um aborto indesejado realizado por demanda do noivo. Ainda que falasse do assunto com relativa tranquilidade, a rigidez nessa região do corpo deixava transparecer a Gestalt inacabada.

Embora as manifestações da fronteira do corpo possam variar de pessoa para pessoa, em algumas o enrubescimento (sinal corporal) sinaliza vergonha; em outras, a sudorese indica excitação ou ansiedade. Da mesma forma, ausência de expressões corporais sinaliza dificuldades com a fronteira do corpo.

A dimensão corporal é uma parte do todo e nela surge a base para o trabalho terapêutico, que se inicia com o ciclo de contato por meio da identificação da sensação (veja o Capítulo 2).

As *fronteiras de valores* referem-se às crenças e aos valores que nortearão nossas ações e comportamentos. Quando excessivamente rígidas, dificultam ou até impedem o contato e, portanto, as trocas entre o organismo e seu ambiente – ou seja, interferem nos processos de crescimento e desenvolvimento, tão caros à Gestalt-terapia.

Valores introjetados podem dificultar ou mesmo impedir novas experiências. Em terapia, prestamos atenção aos valores e introjeções que se mostram incongruentes com a situação presente e com o desejo da pessoa. O objetivo é possibilitar que esses valores se reconfigurem com vistas a harmonizar a situação com o desejo da pessoa.

As *fronteiras de familiaridade* estão relacionadas ao que é conhecido, familiar. Alguns clientes apresentam dificuldade para sair do âmbito do conhecido, não se arriscando a experimentar algo novo, desconhecido ou diferente do usual, o que também interfere nos processos de troca com o ambiente. Fora da fronteira de familiaridade está o novo, porém também o desconhecido.

Vejamos um caso que exemplifica o tema. Quando a terapeuta mudou de um consultório grande para um menor, sua cliente, entrando rapidamente na sala, disse não ter gostado do novo espaço, pois era "diferente" do anterior. A terapeuta propôs um experimento: que a paciente refizesse o caminho da sala de espera para a sala de atendimento, porém em câmera lenta, bem devagar. Quando a cliente entrou novamente na sala, a terapeuta perguntou-lhe como via agora o novo consultório. Ela respondeu que era menor, mas mais aconchegante. Tinha um jardim muito bonito e florido no caminho, janelas mais amplas e cortinas delicadas. Gostava de estar lá, embora a sala fosse menor e a decoração diferente; lamentava que não houvesse almofadas no chão. Nesse experimento foi possível ampliar a fronteira de familiaridade e, na conversa que se seguiu, a paciente se deu conta das dificuldades que tinha em relação ao novo, ao desconhecido, o que a tornava rígida em muitas situações.

As *fronteiras expressivas* correspondem às diferentes formas de expressão, as quais por sua vez resultam também de experiências anteriores, valores, crenças, educação etc. e afetam o modo como as necessidades são expressas, sejam elas de natureza afetiva, fisiológica ou social, entre outras.

Elas se referem a como expressamos nossos sentimentos para além das palavras: como é o tom de voz, a energia, o olhar, a postura corporal etc.

Se a expressão das necessidades não for adequada e clara, a satisfação delas na interação com o meio apresentará dificuldades.

Por fim, o casal Polster se refere às *fronteiras de exposição*, que se relacionam com as possibilidades e temores e/ou limitações de nos expormos, de sermos observados e reconhecidos. As fronteiras de exposição podem ter ligação com o temor de críticas, julgamentos e avaliações, fenômeno em geral observado no início do processo terapêutico, quando ainda não se estabeleceu uma relação suficientemente sólida e confiável entre cliente e terapeuta.

A fronteira de exposição, como todas as demais fronteiras, está imbricada com outras e revela os bloqueios, medos, preconceitos e experiências que levam uma pessoa a evitar expor seu mundo interno de sentimentos, sensações, desejos e pensamentos, mas ao mesmo tempo impede ou dificulta novas experiências, trocas e ampliação de fronteiras. Trata-se da maneira como nos fazemos presentes ou da tentativa de sermos quase invisíveis.

Como sabiamente diz Jean-Marie Robine (2011, p. 20): "Contato cria uma fronteira e a fronteira cria o contato. Sem contato, não há diferenciação e sem diferenciação não há contato e, portanto, não há experiência". Para exemplificar, o mesmo autor afirma que o olho, por si só, não enxerga; para que isso ocorra é preciso haver contato entre o olho e o objeto. Esse pensamento se alinha com o de Husserl, que pontifica que não existe apenas a consciência do sujeito, mas a consciência intencional que se apresenta em relação intrínseca entre sujeito e objeto. Portanto, toda consciência é sempre consciência de algo.

Boa parte do trabalho clínico se desenvolve na fronteira de contato, que é onde ocorre o contato entre cliente e terapeuta, a interação entre organismo e ambiente, onde as necessidades são percebidas e atendidas por meio dos ajustamentos criativos. Estes se referem à capacidade de satisfazer nossas necessidades de acordo, simultaneamente, com nossa hierarquia de necessidades, nossas possibilidades e as possibilidades existentes no campo organismo/ambiente (veja o Capítulo 2), razão pela qual permeabilidade e plasticidade da fronteira se fazem necessárias. E, como afirmam Perls, Hefferline e Goodman (1997, p. 69),

> [...] A fronteira de contato é, por assim dizer, o órgão específico de awareness da situação nova no campo, em contraste, por exemplo, com os órgãos "orgânicos" mais internos do metabolismo ou da circulação, que funcionam conservativamente sem necessidade de awareness, deliberação, seleção ou evitação da novidade [...].

Essa citação mostra que uma das funções da fronteira é lidar com as diferenças, com a novidade; ela age efetiva e ativamente em nossos movimentos de aproximação ou afastamento, de aceitação ou rejeição, de seleção e relação com o mundo, visando ao bom funcionamento da pessoa – seja por meio da preservação ou da mudança – e promovendo seu crescimento.

Quando há comprometimento da fronteira de contato, seja por excesso seja por falta de permeabilidade e/ou plasticidade, os ajustamentos, em lugar de criativos e funcionais, se tornam disfuncionais. Além disso, a impossibilidade de interagir com as possibilidades ofertadas pelo meio impede que os ajustamentos sejam criativos.

Quando há falta de plasticidade na fronteira, ela não se retrai adequadamente, o que impossibilita ou dificulta os processos de assimilação. Por outro lado, excesso de expansão dificulta os processos de discriminação necessários para que se formem *Gestalten* claras e nítidas, o que implica dizer que as necessidades dominantes da hierarquia não ficam nítidas e, portanto, dificilmente haverá ajustamento criativo funcional. Convém enfatizar que permeabilidade e plasticidade da fronteira são necessárias para que mudança e crescimento aconteçam. A expansão de fronteira é essencial para a abertura para o novo e para que a *Gestalt* se reconfigure pela satisfação da necessidade na interação com o meio.

Na confluência (veja o Capítulo 11), não há diferenciação suficiente entre o organismo e o ambiente, ou seja, há excesso de permeabilidade na fronteira. Assim, em lugar do contato com o diferente ocorre uma relação indiferenciada, que leva à confluência. Nesse sentido, apresenta-se a diferença entre estar em contato e entrar em contato, postulada por Laura Perls (1992, p. 84, tradução das autoras):

> Contato é o reconhecimento da alteridade, a awareness da diferença. É a experiência na fronteira "Eu e o outro". Diferenciaria "estar em contato" e "fazer contato". Estar em contato indica um estado contínuo cuja tendência é caminhar gradualmente para a indiferenciação (confluência). Fazer contato significa tornar a função em primeiro plano, manter-se revigorado e alerta etc.

Talvez essa citação fique mais clara se pensarmos que "fazer contato" tem relação com o novo, que é revigorante e demanda excitação – e, portanto, implica enriquecimento –, enquanto "estar em contato" tem uma conotação menos ativa.

A autorregulação organísmica (veja o Capítulo 5) mantém relação direta com a fronteira de contato, uma vez que é por meio do contato e da interação com o mundo que necessidades são satisfeitas ou não. Ao atender à necessidade, da melhor forma possível, isto é, pelo ajustamento criativo, a Gestalt se fecha, o organismo se equilibra e novas necessidades podem se tornar figura.

O interesse é a base do movimento em busca de equilíbrio, da manutenção da vida e do crescimento emocional, físico e social. E o contato é algo que se faz de forma concreta, estando diretamente relacionado com o suporte (veja o Capítulo 8). E, como Laura Perls (1992, p. 132) assinala, "contato é possível desde que haja suporte disponível. Suporte é o fundo global do qual a experiência presente emerge (existe) e forma uma Gestalt significativa. Pois o significado está na relação entre a figura e seu fundo". Assim, se a fronteira perde sua qualidade de fluidez e flexibilidade, o que seria firmeza pode se transformar em rigidez.

Considerando que o crescimento é função da fronteira de contato, refletimos que, ao revelar dificuldades em lidar com o novo e em se arriscar, a fronteira de contato se mostra pouco permeável e plástica, embora isso possa ter relação com uma situação ameaçadora. Dito de outra forma, não basta observar plasticidade e permeabilidade da fronteira: é preciso considerar o campo no qual isso ocorre.

Como a falta de permeabilidade e plasticidade na fronteira de contato indica dificuldade nos processos de crescimento e desenvolvimento humanos, sinalizando que talvez haja pouco uso das potencialidades e recursos do indivíduo, finalizamos o capítulo com algumas indagações, convidando o leitor a fazer reflexões com o intuito de possibilitar que o tema deste artigo seja abordado de forma mais experiencial:

- *Até que ponto você assimila o que é nutritivo e rejeita o que é nocivo?*
- *Quantas vezes você fantasia uma situação catastrófica (o que para Lewin estaria relacionado aos planos irreais) e permite que a ameaça fantasiosa interrompa a fluidez do processo de contato?*
- *Qual é a sua abertura para o novo e para o diferente?*

REFERÊNCIAS BIBLIOGRÁFICAS

Frazão, L. M. "A solidão na contemporaneidade". *Revista de Gestalt*, n. 16, 2011, p. 66-70.

Lewin, K. *Teoria dinâmica da personalidade*. São Paulo: Cultrix, 1975.

Perls, F. *Gestalt-terapia explicada*. São Paulo: Summus, 1977.

______. *Escarafunchando Fritz: dentro e fora da lata de lixo*. São Paulo: Summus, 1979.

______. *A abordagem gestáltica e testemunha ocular da terapia*. 2. ed. Rio de Janeiro: LTC, 1988.

Perls, F.; Hefferline, R.; Goodman, P. *Gestalt-terapia*. São Paulo: Summus, 1997.

Perls, L. *Living at the boundary*. Nova York: The Gestalt Journal Press, 1992.

Polster, E.; Polster, M. *Gestalt-terapia integrada*. São Paulo: Summus, 2001.

Robine, J.-M. "Le contact, à la source de l'expérience". *Aw@re Revista Eletrônica*, v. 2, n. 1, 2011, p. 4-20. Disponível em: <http://pt.slideshare.net/AwareRevElet/awre-v2-n1-2011>. Acesso em: 13 dez. 2013.

Tellegen, T. "Atualidades em Gestalt-terapia". In: Porchat, I. (org.). *As psicoterapias hoje: algumas abordagens*. São Paulo: Summus, 1982.

4
Self e suas funções

CLAUDIA BAPTISTA TÁVORA

É sempre um desafio falar e escrever sobre *self*[1] com a devida clareza e ao mesmo tempo fazer jus à sua complexidade. Lembrando que complexificar um objeto ou conceito em estudo não quer dizer complicar seu entendimento nem forçar sua combinação com fatores aleatórios ou termos desconexos. Sem dúvida, é desejável que a linguagem utilizada na formulação teórica possibilite a mesma integração coerente, original do conceito ou objeto de estudo.

No caso de *self*, a complexidade se deve simplesmente ao seu grau de organização como fenômeno, que se torna tão mais visível e claro quanto mais nos aproximamos da descrição do modo como ele se especifica, se diferencia, se integra

1. Ao longo de meu caminho pessoal de estudo e pesquisa sobre o tema, optei por omitir o uso do artigo definido ao me referir a *self* com o objetivo de adequar a forma da escrita ao conteúdo abordado. Dizer "o" *self* implica, quase imediatamente, tratá-lo como um algo, uma coisa existente – e não como um constructo teórico ou uma metáfora conceitual –, sendo praticamente impossível ler ou ouvir "o" *self* sem imaginá-lo como um objeto ou dado destacado do campo.

de forma coerente e se equilibra de maneira dinâmica no contato e nas relações em rede das pessoas em seus processos de interação. O desafio presente na revisão e no desenvolvimento da teoria do *self* em Gestalt-terapia é, então, o de descrever a forma de *self* e suas funções por intermédio de uma caracterização teórica consistente e flexível, integrada ao funcionamento em termos propriamente fenomenológicos da prática clínica psicoterapêutica.

Comecemos pelo ponto de partida. Que quer dizer *self* originalmente?

Esse conceito, cujo sentido comum em língua inglesa é "a personalidade de alguém; a natureza-base de alguém" (Oxford, 1978, p. 788) e tem sido utilizado em psicologia e psicoterapia como referência conceitual geral a "si mesmo", em Gestalt-terapia acaba por expedir ao cerne da concepção fenomenológica da subjetividade. Assim, se diferencia desde o princípio tanto em relação à ideia de "personalidade" quanto à de "natureza-base", pois, funcionando de modo imbricado aos conceitos de "campo" e de "ajustamento criativo",

> em circunstâncias ideais o *self* não tem muita personalidade [...] O incremento de crescimento e aprendizagem após um bom contato é indiscutível, mas é pequeno. O *self* encontrou e produziu sua realidade, mas, reconhecendo o que assimilou, vê-o novamente como parte de um vasto campo. (Perls, Hefferline e Goodman, 1997, p. 230)

Então o que é e como se constitui *self*? É realmente adequado usar o termo "*self*" para falar de "si mesmo" em Gestalt-terapia? O que é "si" mesmo?

Essas perguntas iniciais são importantes porque, ao tentar conceituar *self* em Gestalt-terapia, não se realiza um trabalho secundário ou colateral. Ao contrário, o delicado tema da emergência de um "si mesmo" – e de um sentido de si mesmo – na superfície da experiência, assim como de suas transformações possíveis, é o que fará que exista – ou esteja ausente – uma teoria da subjetividade intrínseca e viabilizadora de uma prática clínica.

Em artigos precedentes, procurei trazer esse conceito à vida por intermédio de personagens de filmes envolvidas em situações críticas, buscando colocar em paralelo o olhar do espectador e o olhar clínico em psicoterapia, esse lugar delicado e privilegiado de onde acompanhamos a forma como as pessoas descrevem seus processos: como elas são, o que fazem, o que e como pensam de si e dos outros, como compreendem e dão sentido à vida (Távora, 2009a).

Nessa perspectiva *self* pode ser bem evidente, como o *processo ativo e permanente de perceber, selecionar, interpretar, sentir, valorizar, estimar, prever, agir, integrar e dar sentido a si e ao ambiente, mapeando a si mesmo enquanto em ação no campo*. Porém, para apreender sua forma e função em toda sutileza, é necessário um posicionamento ao estilo da câmera que se move em busca de diversos ângulos de uma mesma cena e se distancia e se aproxima em *close-up* sucessivamente, delineando a compreensão de uma personagem que vai ao mundo e volta para si quase de forma ininterrupta, revelando, a cada intervalo, aspectos diferentes de si e do mundo. Para formular uma teoria de *self* integrada à experiência, como em um (bom) filme, não basta tentar trazer o desconhecido ao conhecido por inclusão em uma categoria antiga nem tentar determinar sua natureza apenas pelo que é (sua estrutura) ou faz (modo de operação). Também não é indicado se fixar exclusivamente à figura do indivíduo que é a personagem principal da trama, sob pena de perder a visão do campo e das forças presentes nele, que atuam em colaboração e/ou conflito com *self*, como sua parte constitutiva ou mesmo disruptiva. Ou seja, a teoria de *self* precisa instalar um nível ótimo de circularidade para abranger sua complexidade (Távora, 2009a, p. 54-5). Citemos como exemplo a complexa personagem do filme *Hero* que tem o "comportamento" de vigarista em situações cotidianas mas – *e* – é capaz de atos de heroísmo, pondo a própria vida em risco em benefício de outros, diferenciando-se da atitude comum à maioria das pessoas e até da sua própria.

Essa visão circular pode se desenvolver em uma compreensão mais elástica, sensível e empática, tanto da vida humana como de *self*, que acate e aceite as vulnerabilidades, dores e frustrações como parte qualitativamente equivalente das conquistas e dos saltos vitais das pessoas. Assim, como personagem quase sempre desafiada pela realidade, *self* pode vir a precisar, aqui e ali, de suporte extra do e/ou no campo, uma vez que é parte dessa espécie de matriz de conexões que naturalmente nos sustenta a todos.

Sim, pois, além de se diferenciar das noções de "personalidade" e de "natureza-base", o conceito de *self* aqui examinado também não equivale à noção de "eu", pelo menos não aquela na qual todas as gerações de psicólogos e psicoterapeutas vêm sendo treinadas. Esse "eu" individualista moderno, autossuficiente e egocêntrico já pode ser considerado, segundo a visão de autores contemporâneos debruçados sobre a questão de *self*, uma metáfora de ser humano que ainda vigora, porém se encontra questionada na arrogância de seu propósito ou efeito. (Esse questionamento não exclui a existência do egoísmo ou da arrogância, como característica potencial ou real, nas pessoas e na cultura.) Se as sociedades tradicionais limitavam as pessoas pela hierarquia ou pela ordem, também proviam estrutura e continuidade, fornecendo a ligação entre o passado e o futuro e unindo todos, de reis a camponeses, em uma longa cadeia. Já a democracia, ao quebrar as correntes e libertar cada elo, afrouxou os laços sociais, fazendo que cada um formasse o hábito de pensar em "si mesmo" em isolamento e imaginar seu destino todo em suas próprias mãos. Hoje se observa outra mudança nesse quadro, com o surgimento de conexões midiáticas e internéticas entre pessoas no mundo inteiro.

Assim, a visão de *self* tradicional, atrelada ao eu, é uma construção conceitual que faz que cada um seja jogado de volta sobre si mesmo e sozinho. Já o *conceito de self fenomenológico* não precede o contato e as relações, tampouco existe fora delas. *É recursivo, isto é, incorpora e é incorporado – se incorpora – nessas relações que os indivíduos mantêm: consigo próprios, com os outros e com o mundo natural e cultural.* O conceito de *self* não se identifica, nesse sentido, com o de "eu" consciente. A noção de *self* associada ao eu individual ou à autenticidade como necessariamente internalizada pode ser adequada para outras linhas teórico-práticas em psicoterapia, que trabalham com uma visão da subjetividade centrada na questão da personalidade, esta concebida de forma que se estrutura em torno de um núcleo individual único e determinado. Mas não para aquelas que concebem a subjetividade como

> fenômeno, para o qual não existe estado de contorno ou equilíbrio a priori ou permanente, mas sim tensões que representam a extensão ativa da forma, sua capacidade de relacionar-se, enquanto totalidade, com outras formas, criando regiões em um campo de potencialidades. (Távora, 2005, p. 121)

SELF EM GESTALT-TERAPIA: DA ORIGEM À CONTEMPORANEIDADE

Vejamos, em resumo, o que se diz de *self* no início da Gestalt-terapia.

Na formulação original de Perls (1969, p. 143, tradução minha), embora ainda não se encontre uma sistematização conclusa do conceito de *self*, já se anuncia que "apenas onde e quando o self encontra o 'estranho' é que o Ego começa a funcionar, a existir, a determinar a fronteira entre o 'campo' pessoal e o impessoal". Essa formulação inicial cria as condições necessárias para a posterior caracterização de *self* como processo de fronteira e função de contato, concepção essa que toma corpo quando a teoria de *self* é proposta em Perls, Hefferline e Goodman (1997). Graças à contribuição de Goodman nesse trabalho, *self* é então descrito como: "a função de contatar o presente transiente concreto" (Perls, Hefferline e Goodman, 1997, p. 177); "sistema complexo de contatos necessários ao ajustamento no campo imbricado" (p. 179); "força que forma a Gestalt no campo" (p. 180); "processo de figura/fundo em situações de contato" (p. 180); "espontâneo – nem ativo, nem passivo – (como fundamento da ação e da paixão) e engajado na sua situação" (p. 181); e finalmente como "função *self*" que é "o processo figura-fundo nos contatos-fronteira no campo organismo/ambiente" (p. 190).

Ali já se percebe a intenção de diferenciar o conceito de *self* das ideias de entidade fixa, instância intrapsíquica, núcleo, estrutura ou essência encapsulada dentro do organismo ou da personalidade. Na parte do texto que critica teorias psicanalíticas de *self*, encontramos como advertência que "o sentido de *self* tem de ultrapassar a propriocepção de nossa individualidade" (p. 194) e "o *self*, consciente no modo médio (nem passivo, nem ativo), rompe a compartimentalização entre mente, corpo e mundo externo" (p. 195).

Nem sempre se encontra em Gestalt-terapia o desenvolvimento mais fiel dessa formulação original, possivelmente em função da existência de olhares menos atentos ao peso da dominância conceitual e cultural criticada pelos fundadores em Perls, Hefferline e Goodman (1997). Porém, já é possível encontrar desenvolvimentos contemporâneos importantes da teoria do *self* em Gestalt-terapia – por exemplo, em Robine (2003, 2006), Spagnuolo Lobb (2001), Távora (1999, 2004, 2005, 2009a, 2009b) e Wheeler (2000).

Wheeler (2000), por exemplo, critica a presunção não discutida do paradigma individualista, que só tem contribuído para o isolamento e a impossibilidade de uma relação significativa entre os "si-mesmos" e o mundo, sugerindo que mesmo a maior parte das tentativas de resolver essa questão acontece sem que se consiga sair dos limites do discurso e das suposições do próprio paradigma. É como se a ideia platônica das essências como ideais subjacentes à realidade cotidiana estivesse ainda presente na noção paradigmática imperante de um "si mesmo" ou um "eu" individual essencial que é assumido como anterior e separado do mundo da experiência e do contato.

Wheeler, investindo na formulação de Goodman, não vê sentido em conceber o "si mesmo" e seus processos como um pequeno agente ou "subpessoa" imerso em algum lugar dentro de nós. Enfatiza como é crucial entendê-lo como nosso processo básico para integrar o campo básico da experiência. O local onde esse processo ocorre é, metaforicamente, "no limite" da experiência e não nas profundezas privadas e preexistentes do indivíduo.

Pondo em relação *self* com outros conceitos em Gestalt-terapia, esse autor frisa que é o "contato" que produz o "si mesmo" e não o contrário, não havendo fora desse processo "si mesmo". Lembra ainda que a memória e até mesmo o "si mesmo narrado" estão incluídos nesse processo. Assim, *self* abrange uma abertura progressiva da experiência que alguém tem de si para a experiência que os outros têm dele. Na verdade, do ponto de vista estrito dessa concepção, é necessário balancear a ideia de que "eu sou eu e você é você" com "eu sou você e você é eu (ou nós)", uma vez que ambas são "experiencialmente verdadeiras, em momentos diferentes (ou ao mesmo tempo) de formas diferentes" (Wheeler, 2000, p. 383, tradução minha).

De modo que aquilo que Wheeler chama de "crescimento de *self*" não diz respeito a "uma atividade especial, separada da vivência e da aprendizagem ordinária, mas é o processo normal [...] da nossa natureza pessoal [*self-nature* no original], quando [...] [ela] não está constrangida ou inibida por condições de campo inseguras e não suportivas" (2000, p. 268). Então nós nos conhecemos como uma história, e dessa história de *self* [*self-story*] podem advir certos próximos capítulos e não outros, sendo *self* em crescimento simultaneamente à história e à mudança na história. (Em Távora [2009a], com a personagem de *Pão e tulipas*, temos o exemplo da transformação de uma dona de casa/esposa/mãe desconsiderada pelos familiares em uma mulher vibrante e talentosa, capaz de levar uma vida totalmente diferente em uma cidade estranha – depois de ser esquecida na beira da estrada –, ali encontrando significativo suporte e afinidade com pessoas e atividades até então desconhecidas.)

Spagnuolo Lobb (2001, p. 280) explica que a ênfase dos fundadores da Gestalt-terapia na "relacionalidade" está vinculada à relação entre organismo e ambiente no nível antropológico e à relação entre indivíduo e sociedade no nível sociopolítico, e ressalta que a noção de *self* em Gestalt-terapia expressa precisamente "essa habilidade do organismo para fazer contato com seu ambiente, espontaneamente e deliberadamente, como o fim, o princípio teleológico, da natureza humana". Por isso o processo de desenvolvimento se estende de uma capacidade relacional menos diferenciada (correspondente a uma percepção *self*-centrada) em direção a uma competência para o contato com o outro.

Também Robine (2003, p. 33-4) ressalta que a posição clássica e individualista que acaba por parecer natural porque já é tão comum "é, na verdade, somente uma 'escolha' decorrente de um preconceito", de modo que "aquilo que em geral eu nomeio 'eu-mesmo' pode muitas vezes ser abordado como uma diferenciação prematura do campo".

Esse autor também afirma que Goodman realizou a "descentralização" de *self* e o descreveu como necessariamente engajado na situação (e não localizado em algum lugar dentro do "eu"). Seguindo esse mesmo caminho, propõe o seu reposicionamento como fenômeno de campo, privilegiando a concepção segundo a qual "é no vínculo com uma situação, qualquer que seja ela, que o *self* será levado a se desenvolver – ou não" (Robine, 2003, p. 32).

Além disso, ressalta a especificidade da posição gestáltica, na medida em que esta se apoia na postura fenomenológica e diz respeito à questão da consciência: "O fenômeno não é um estado nem um conteúdo da consciência, é aquilo que ocorre por si mesmo, e não é nada além desse ato de 'se dar a ver'" (Robine, 2006, p. 35) Acrescenta ainda que "o *self* não pode, portanto, ser apreendido como substantivo, como entidade, como substância, mas sim como verbo, ou melhor, como advérbio, pois ele é o artesão do ato de 'contatar', que é a operação básica do campo" (p. 33).

Ainda acompanhando a mesma posição de Goodman sobre *self*, Robine também enfatiza que, "durante o processo, ele não é apenas o artesão ativo da solução, nem de seu produto passivo, mas adota progressivamente uma 'voz média' para crescer na direção de uma solução" (Robine, 2006, p. 41).

SELF: ESTRUTURA E PROCESSO NO FENÔMENO SEM CONTORNO E COM LIMITES

Em minha tentativa de colaborar para a ampliação epistemológica requerida e para o melhor desenvolvimento teórico da questão, descrevo *self* como *fenômeno que emerge no processo de contato*, reunindo em três eixos alguns dos pontos principais para essa conceituação: a *pluscorporalidade*, a *circula-*

ridade e a *temporalidade* (Távora, 2009b). Esses eixos não têm a qualidade dos axiomas próprios às teorias apriorísticas, mas intentam tão somente recolocar situacionalmente a questão de *self*.

A *pluscorporalidade* destaca que *self* não é o organismo físico, não é a matéria ou estrutura biológica, tampouco se localiza "dentro" deles. Os teóricos da psicologia da Gestalt já diferenciavam o "organismo" como sistema físico do "corpo" como experiência percebida (Köhler, 1992, p. 211, tradução minha). O corpo conforme percebido não é um dado físico ou material, mas uma construção carregada de símbolos, valores, investimentos e demandas coletivamente vividos e apropriados. *Self* só existe onde estão as fronteiras móveis do contato, em todos os níveis de relação. Tudo começa a acontecer, em termos de processos de subjetivação, quando e onde, ali e naquele momento (ou aqui e agora) em que *self* encontra o estranho. A categoria da pluscorporalidade visa recolocar em termos do campo fenomenológico a questão de *self* superando uma falsa dicotomia entre corporal e não corporal.

Embora já tenha abordado o assunto na primeira nota de rodapé deste capítulo, retomo aqui a caracterização desse aspecto de *self* que se opõe à alternativa clássica que concebe a subjetividade como uma "coisa" ou um "corpo". *Self* não ocupa um lugar no espaço como o faz uma substância corporal (Távora, 2009b, p. 142-3). Já sugeri que desenvolver esse aspecto implica ir além de Merleau-Ponty (1984) na concepção da experiência corporal como "original" e daquela "do corpo visível" para chegar aos aspectos corporais relacionados aos afetos e movimentos, ao engajamento e à ação. Essa ênfase é aqui mantida, com a ressalva e o esclarecimento de que a pluscorporalidade de *self* como conceito-metáfora da subjetividade e do processo do si mesmo visa manter a complexidade intrínseca pela inclusão dos aspectos corporais *strictu* e *lato sensu.*

Falar em *self* pluscorporal significa tomar sua descrição original como processo de fronteira e desenvolvê-la no sentido de "funções ou efeitos contínuos em todos os níveis de relações em todos os aspectos do contato entre organismo e ambiente" (Távora, 2009b, p. 143). Essa concepção coloca tanta ênfase na importância do "eu" como na do "outro" e expande o conceito de *self* como uma ponte para alcançar o sentido fenomenológico de campo.

Já a ideia de *circularidade* enfatiza que *self* não é equivalente ao eu ou ao indivíduo, muito menos ao "eu individual intrapsíquico". É uma espécie de acontecimento que não pertence ao organismo ou ao ambiente, mas ao campo. Se a *awareness* de *self* se dá diante de algo ou alguém em uma situação concreta, ele não pode estar "dentro" do eu ou do indivíduo. A própria distinção dentro/fora, nesse caso, é pobre, já que o contato e a fronteira são anteriores ao interno e ao externo. Tanto a personalidade individual como a sociedade organizada se desenvolvem a partir de funções de coerência e de conflito que são, de certo modo e até certo ponto, necessárias.

A principal função de *self* como conceito é trazer o fenômeno de campo para o primeiro plano, realizando de fato a inclusão do mundo nos processos de subjetivação (na psicopatologia, inclusive). Os processos de subjetivação são circulares, no sentido de que circulam pelo espaço-tempo do campo e também abrangem simultaneamente *várias esferas e níveis desse campo*. *Self* se atualiza e atualiza os processos de subjetivação por meio dessa característica circular, pela qual acontece um intrincado e *complexo processo de negociação* com empréstimos, heranças, apropriações entre *self* e ambiente, *self* e outro. Até porque tanto as necessidades quanto suas possibilidades de satisfação só têm sentido no processo de interação; de modo que o conflito e a contradição entre homem e natureza, pessoa e mundo, sujeito e objeto são a própria condição de desenvolvimento da vida psíquica. Essa é a razão subjacente ao uso da noção fenomenológica de intencionalidade em Gestalt-terapia, que implica a criação contínua de significado e realidade, de si e do mundo, englobando a força contextual – aquela que provém do contexto – e a força implicativa – aquela que parte do sujeito para o contexto (Távora, 2004, 2009a).

Então, pensar *self* como preso à "identidade" individual é assumir uma forma fixada do campo, o que pode implicar uma patologização do conceito. Por outro lado, a explicitação da qualidade de circularidade vem fundamentar o valor fenomenológico dos conceitos de "campo" que une *self*-outro-ambiente e de "dialogia", compreendida como a forma como cada pessoa é impactada por e responde ao outro na prática clínica. Ambos os conceitos, distintos entre si, são necessários ao entendimento das ideias de recuperação, reinstalação ou transformação dos sentidos de si (mesmo) pela experiência vivida (com outros) no ambiente e no tempo da relação.

A *temporalidade*, por sua vez, aponta que *self* não é equivalente a qualquer figura fechada ou espacialmente dada. Não coincide com a figura que cria, com a forma do que é experienciado, vivido ou criado, mas com o processo de criação de figuras. Não é conhecido de antemão, mas revelado, descoberto e construído no processo de exploração dos contatos, encontros e conflitos. Não equivale à consciência nem tem conhecimento prévio do que inventará, mas tem a qualidade de devir como potência temporal (que não exclui, mas se relaciona intrinsecamente com a espacialidade). Aliás, essa seria uma das principais razões de manter e desenvolver o conceito de *self*, ao permitir uma concepção correta do "devir" como conceito temporal fundamental, ou seja, invisível, imprevisível e desconhecido. Ressalta-se que a qualidade da temporalidade não é destacada com o objetivo de excluir a espacialidade, mas para fazê-la interagir com a potência do devir, da virtualidade, da variância nas possibilidades de ser.

A manutenção dessa atitude revolucionária necessária é alcançável pelo aprofundamento do aspecto temporal da noção de *self*, que valida a possibilidade de desenvolvimento, aprendizagem, criação, renovação e transformação permanentes. E torna temporal a qualidade do fazer psicoterapêutico, sua possibilidade de se colocar *simultaneamente com e contra o tempo*, ou no tempo e à espera dele. Pois o tempo pode criar e, também, se criar e se ultrapassar. A noção de temporalidade remete tudo ao processo de criação, sendo *self* uma coisa só, não havendo sentido em tentar separar a essência e a potência de novidade que é capaz de realizar.

Falar assim em tempo e devir pode soar utópico, mas é pertinente lembrar que a utopia não é indesejável na prática psicoterapêutica. Pelo menos não se entendida no sentido de horizonte que se afasta a cada vez que nos aproximamos dele, mas continua a nos indicar a boa direção para caminhar; ou de promessa de futuro que pode configurar o presente de forma diferente. O aspecto temporal de *self* tem mesmo a função de sacudir o *status quo*, a fim de não deixar nossa teoria refém da mesma atitude conservadora que pretendia criticar e suplantar. *Assim, mesmo que circunstancialmente e/ou dentro de certos limites, cada pessoa contém outras pessoas possíveis e cada mundo contém seu contramundo.* E mesmo o mundo de que necessitamos não é, desse ponto de vista, menos real que o mundo que conhecemos. Podemos encontrar também em Robine (2006, p. 204), quando propõe a distinção entre contato e relação, esse "tipo de sedimentação progressiva dos eventos de contato, pressupondo assim a temporalidade".

Embora esses três eixos destacados possam ser considerados apenas noções conceituais descritivas da situação de *self*, funcionam de modo adequado para demonstrar fenomenologicamente sua característica de ponto onde múltiplas referências se intersectam e de totalidade percebida como doadora de sentido às partes intrínsecas do campo em que se forma. Essa totalidade inclui *continuidades e descontinuidades* em processo contínuo de *fragmentação-totalização*, de alternância entre momentos em que a *Gestalt* maior coincide com a experiência pessoal de alguém e outros em que não se encontra a evidência de uma forma pregnante e estruturada, mas apenas formas parciais ou processos de constituição em sentido literal – *Gestaltung*. Por isso, ao acompanhar pacientes em psicoterapia, são tão importantes quanto necessárias a dedicação do suporte e a paciência da espera no acompanhamento desses processos.

Robine (2006, p. 33) assim sugere ao apontar a "diferenciação prematura do campo":

> Quando um paciente se senta à minha frente e me diz que está ansioso, posso escolher considerar suas palavras não somente como palavras pronunciadas numa certa situação mas também como palavras da situação, como se essas palavras pertencessem a um campo indiferenciado que tem de ser especificado e não ao indivíduo que as pronuncia.

Tanto a alternância entre *Gestalt* e *Gestaltung* como os processos de diferenciação de *self* no campo nos levam diretamente a outro importante tema relacionado. A questão de *self* inclui, sempre, a possibilidade de redefinição estrutural do todo pela comunicação entre os diferentes níveis e significados (Távora, 2004). Assim, somos conduzidos a um problema de difícil abordagem em psicologia: *a relação entre estrutura e processo*, ou entre os *aspectos estrutural e processual* na questão de *self* – ou seja, a questão da subjetividade e do "si mesmo".

A ideia de boa forma como forma estável, assim como a admissão de que a própria percepção sempre se estrutura em algum grau, além de outros pressupostos dos psicólogos gestaltistas, é uma das noções que tornam importante esclarecer tal relação, conforme já sugerido (veja em Távora, 2005, p. 131, a crítica aos psicólogos gestaltistas por Marx e Hillix, 1995). Também Robine (2006, p. 61), ao chamar a atenção para a complexidade dos termos técnicos "contato" e "contatar" como "realidade mais simples e primeira", aponta que "Esse processo de ajustamento criativo – ao mesmo tempo que catalisador das funções estabelecidas nesse contato, construção/destruição de formas – é *o self, processo e estrutura*" (grifo meu).

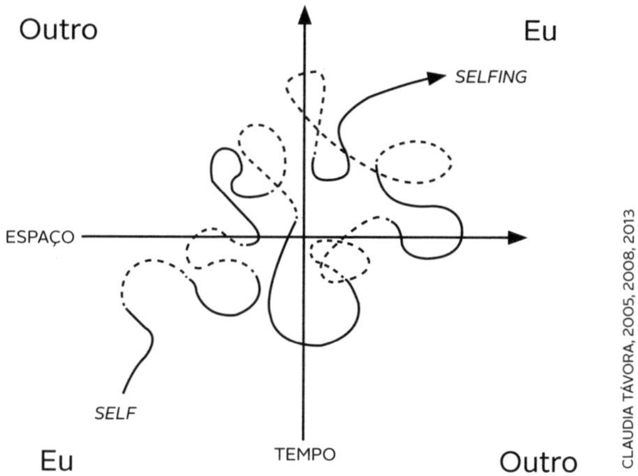

Self e regiões da subjetividade

Minha tentativa de criar uma imagem ou desenho de *self* capaz de abranger essa relação estrutural-processual de forma apropriada (veja proposta apresentada em Távora, 2005, p. 137, e 2009b, p. 151) sugere a visualização de "regiões" da subjetividade, que não são espaços permanentemente fechados ou núcleos essenciais. Essas regiões, quando e se passíveis de esquematização, poderiam ser expressas por linhas tracejadas e sinuosas, de forma que o "interior" possa estar em contato com o "exterior", embora dentro de limites, em geral não de modo imutável. "O tracejado pode formar regiões maiores ou menores, com maior ou menor abertura entre o dentro e o fora, mas com a característica de que pode potencialmente envolver o mundo inteiro, pela alternância entre o que está dentro e o que está fora" (Távora, 2005, p. 134).

A *subjetividade* caracterizada por essa concepção de *self* *não é "contida" em um espaço delineado qualquer, mas apenas limitada por um campo de possibilidades, também ele passível de mudança*. Assim se compreende a abrangência das qualidades estrutural e processual da subjetividade enquanto *self* as atravessa, como eixo em movimento.

Foi nesse sentido que passei a usar o termo "*selfing*", também com o intuito de valorizar sua qualidade móvel, processual e de campo, e de diferenciá-lo da noção parcial de "estrutura" da personalidade. Robine (2006, p. 87) fala no uso de *self* como verbo ou como advérbio, remetendo à metáfora do voo do pássaro usada antes por W. James, que chama "os lugares de pouso da consciência de estados substantivos, e os lugares de voo, de estados transitivos" (*idem*). Quando propus, de forma ainda mais específica, a experimentação e o uso de *selfing* como *verbo no gerúndio* visava destacar:

- a qualidade processual de *selfing* redefinindo a estrutura da identidade no campo de *awareness* da experiência presente;
- a transversalidade dessa mesma qualidade, com *selfing* atravessando e sendo atravessado em permanente relação de reestruturação entre partes e todos, de si e do campo;
- a interdependência entre *selfing*, como função de contato presente, e outro (seja o terapeuta ou os demais outros do cliente), interdependência proposta na prática clínica na forma de presença e sentido, com diálogo e troca, operações da função de contato na situação de campo.

Essa extensão da noção de *self* como *selfing* destaca que para entender *self* como fenômeno é preciso conhecer suas potenciais e reais condições de transformação na superfície de contato e no ambiente. É uma perspectiva diferente, porém alinhada àquela encontrada em Robine (2006, p. 184) quando procura definir a qualidade da boa forma gestáltica não como forma simples, geométrica, mas como "forma significativa, isto é, aquela que estabelece uma ordem transdutora no interior de um sistema metaestável, de um sistema de realidade que inclui potenciais".

Assim se compreende o que se passou com uma paciente quando, após o primeiro ano em terapia, atendendo a meu pedido de olhar para duas fotografias suas, uma bem recente e outra mais antiga, para me dizer se via alguma diferença entre elas, muito surpresa exclamou: "Mas que coisa! Meu nariz está menos pronunciado! Parece ter ficado mais fino!" E então pôde associar a mudança percebida (pois ela não havia se submetido a cirurgia plástica) ao fato de estar mais bonita, porque descontraída, contente e integrada no momento atual de transformação e satisfação com a própria vida (veja detalhes em Távora, 2009b, p. 152-3).

FUNÇÕES PARCIAIS DE *SELF*

A clarificação da relação entre os aspectos estrutural e processual pode, como se demonstra, ser realizada dentro do campo fenomenológico e gestáltico. Assim é que ela chega, mesmo, à especificação das funções de *self*, desenvolvendo ainda mais o tema. Os conceitos de "função id, função ego, função personalidade" também surgem na parte dedicada à teoria de *self* em Perls, Hefferline e Goodman (1980). Enquanto *self* é caracterizado como processo abrangente e permanente de campo e de adaptação criadora, função id, função ego e função personalidade são descritas como "estruturas possíveis ou possíveis estruturas do *self*", como "aspectos do *self*" (p. 441) ou como "os três principais sistemas parciais – ego, id e personalidade –, que em circunstâncias específicas parecem ser o *self*" (p. 433), com o esclarecimento de que, por razões diversas de tipos de paciente e de métodos de terapia, "essas três estruturas parciais foram consideradas nas teorias da psicologia anormal como sendo a função total do *self*" (p. 441). Nesse sentido, as três funções são assim diferenciadas:

> Enquanto aspectos do *self* num ato simples espontâneo, o Id, o Ego e a Personalidade são as *etapas principais* de ajustamento criativo: o Id é o fundo determinado que se dissolve em suas possibilidades, incluindo as excitações orgânicas e as situações passadas inacabadas que se tornam conscientes, o ambiente percebido de maneira vaga e os sentimentos incipientes que conectam o organismo e o ambiente. O Ego é a identificação progressiva com as possibilidades e a alienação destas, a limitação e a intensificação do contato em andamento, incluindo o comportamento motor, a agressão, a orientação e a manipulação. A Personalidade é a figura criada na qual o *self* se transforma e assimila ao organismo, unindo-a com os resultados de um crescimento anterior. Obviamente, tudo isso é somente o próprio processo de figura-fundo, e em um caso simples assim não há necessidade de dignificar as etapas com nomes especiais. (Perls, Hefferline e Goodman, 1980, p. 441, grifo nosso)

A observação da parcialidade desses três conceitos em relação ao de *self* se encontra presente também na crítica a outras linhas teóricas e práticas, por exemplo na afirmação de que "toda teorização, e em particular a introspecção, é deliberada, restritiva e abstrativa; desse modo, ao teorizar sobre o *self*, particularmente a partir de introspecções, é o Ego que assoma como estrutura central do *self*" (p. 443). Do mesmo modo, na abordagem sobre o teórico freudiano ortodoxo, "as enunciações conscientes do paciente neurótico contam muito pouco [...] Em lugar destes, o teórico dirige-se ao extremo oposto e descobre que a parte importante e ativa do aparato 'mental' é o Id" (p. 444). E ainda mais enfaticamente na proposição de que "a personalidade na qualidade de estrutura do *self* é também em grande parte descoberta e inventada no próprio procedimento analítico" (p. 445). (Voltemos ao exemplo da citada personagem de *Hero*, o reconhecido vigarista que, quando interpelado sobre a possibilidade de assumir seu legítimo lugar de herói, se recusa veementemente, alegando não ter a "personalidade" para tal – revelando sua autoimagem já assimilada como se fosse equivalente a *self* –, mas no momento em que a situação grave e concreta da queda do avião se coloca age eficiente e corajosamente, revelando potencialidades de *self* em contato, atualização e crescimento, passíveis de compreensão em termos das funções parciais de *self*.)

Robine (2006, p. 61) aponta que *self*, conforme definido pela Gestalt-terapia, "manifesta-se por meio de funções que são indissociáveis, a não ser por razões de ordem retórica, umas podendo ser privilegiadas em relação às outras, dependendo do momento da experiência". Ressalta essa indissociação quando explica, por exemplo: "As funções id e personalidade subentendem a função ego e se manifestam por intermédio dela, do mesmo modo que se constituem, ao redor da circularidade, como identificações operadas pelo self em seu modo ego" (p. 99).

O funcionamento "em três modos" de *self* na conceituação gestáltica é também descrito por Ginger e Ginger (1995, p. 127-8), aparecendo na versão em português a função ego como "função eu":

> A função "id" é concernente às pulsões internas, às necessidades vitais e, especialmente, sua tradução corporal [...] a função "eu", pelo contrário, é uma função ativa, de escolha ou rejeição deliberada [...] a função "personalidade" é a representação que o sujeito faz de si mesmo, sua autoimagem, que lhe permite se reconhecer como responsável pelo que sente ou pelo que faz.

Esses mesmos autores descrevem a variação de intensidade ou de precisão das três funções de *self* saudável conforme os momentos e a necessidade, ou seja, quando o ajustamento permanente às condições sempre flutuantes do meio físico e social é mantido. E também fazem referência às perturbações desse funcionamento que viriam atrapalhar a fluidez normal das emoções, do pensamento, do comportamento no decorrer do ciclo da experiência. Assim, a psicose seria sobretudo "uma perturbação da função 'id': a sensibilidade e a disponibilidade do sujeito às excitações externas (perceptivas) ou internas (proprioceptivas) são perturbadas" (2005, p. 128); e a neurose, ao contrário, seria "uma perda da função 'ego' ou da função 'personalidade': a escolha da atitude adequada é difícil ou desadaptada" (*idem*).

Todavia, não obstante o valor conceitual e teórico das três funções, inclusive na psicopatologia, é importante lembrar sua subordinação ao sentido global de *self*. Se, por exemplo, a personalidade pode ser transparente em algum momento, é porque ela "é o sistema do que foi reconhecido" (Perls, Hefferline e Goodman, 1980, p. 447), enquanto *self* "não é, em absoluto, transparente [...] porque sua consciência de *self* se dá em termos do outro na situação concreta". Assim, para efeitos do trabalho terapêutico em Gestalt-terapia com o sentido processual de *self* como proposto por Goodman, pode-se considerar função id/função ego/função personalidade/função abstrações (conceituais) possíveis a partir da experiência da situação ou do campo.

Como ressalva, embora não seja o objetivo deste capítulo, não se pode deixar de apontar o cuidado necessário para não confundir a proposta fenomenológica e de campo embutida no conceito de *self* em Gestalt-terapia com algum tipo de relativismo. Por isso é preciso destacar a importância da caracterização correlata da psicopatologia e do sentido do diagnóstico em Gestalt-terapia. Apenas a título de ilustração, há situações ou momentos específicos em que se tenderá a confundir *self* com uma "personalidade", provavelmente ao encontrar uma "função personalidade" muito estruturada e dominante, com atitudes inflexíveis recorrentes, ou um "si mesmo" pouco disponível para a permeabilidade do contato. Essas serão "justamente aquelas situações que melhor podem evidenciar a qualidade – no caso, enfraquecida – de movimento de self, de ir e vir, sempre levando e sempre trazendo algo de novo ou de outro para si" (Távora, 2009b, p. 154).

Por fim, gostaria de frisar que o termo "*self*" ou até mesmo "*selfing*", embora não seja imune aos preconceitos paradigmáticos que subjazem à teoria e à cultura psicológica como campo, pode ainda assim ser desenvolvido teoricamente a partir dessa sua descrição como *aquilo que pertence de forma transitória e/ou aquilo que retorna, de modo reflexivo e recursivo, ao sujeito*, sendo só *self* que "está realmente disponível para ser ajudado", como afirmado no texto fundador (Perls, Hefferline e Goodman, 1980, p. 427) – e, portanto, sendo *self* a própria emergência da subjetividade ou do sujeito como a ele é dado aparecer na superfície de contato.

Falamos de um "si mesmo" que não é apenas "si" nem é sempre o "mesmo", indo além das simplificações identitárias. Ele pode ser complexo, mas é interessante porque vivo e sempre atual. Pode parecer até paradoxal, mas, afinal, assim não somos nós mesmos em boa parte do tempo?

REFERÊNCIAS BIBLIOGRÁFICAS

GINGER, S.; GINGER, A. *Gestalt: uma terapia do contato*. São Paulo: Summus, 1995.

KÖHLER, W. *Gestalt psychology: the definitive statement of the Gestalt theory*. Nova York: Liveright, 1992.

MARX, M. H.; HILLIX, W. A. *Sistemas e teorias em psicologia*. São Paulo: Cultrix, 1995.

MERLEAU-PONTY, M. *A estrutura do comportamento*. São Paulo: Abril Cultural, 1984 (Coleção Os Pensadores).

OXFORD advanced learner's dictionary of current English. Oxford: Oxford University Press, 1978.

PERLS, F. S. *Ego, hunger and aggression*. Nova York: Random House, 1969.

PERLS, F. S., HEFFERLINE, R.; GOODMAN, P. *Gestalt therapy*. Nova York: Bantam, 1980 [ed. bras.: *Gestalt-terapia*. São Paulo: Summus, 1997].

ROBINE, J-M. "Do campo à situação". *Revista de Gestalt*, São Paulo, n. 12, 2003.

______. *O self desdobrado: perspectiva de campo em Gestalt-terapia*. São Paulo: Summus, 2006.

SPAGNUOLO LOBB, M. "The theory of self in Gestalt therapy: a restatement of some aspects". *Gestalt Review*, v. 5, n. 4. South Wellfleet: The Gestalt International Study Center, 2001.

TÁVORA, C. B. "Do *self* encapsulado aos *selves* processuais e construídos: atualidade da *Gestalt* frente aos novos paradigmas em psicologia e psicoterapia". *Revista de Gestalt*, Instituto Sedes Sapientiae, São Paulo, n. 8, 1999.

______. "The theory of self in Gestalt-therapy: re-establishing a relationship between subjectivity and temporality". *Gestalt Review*, v. 8, n. 2. South Wellfleet: The Gestalt International Study Center, 2004.

______. "Do self ao selfing: o estrutural e o processual na emergência da subjetividade". In: HOLANDA, A. F.; FARIA, N. J. *Gestalt-terapia e contemporaneidade*. Campinas: Livro Pleno, 2005.

______."Três ensaios sobre o self: intencionalidade, crise e mudança". In: PINTO, E. B. (org.). *Gestalt-terapia: encontros*. São Paulo: Instituto Gestalt de São Paulo, 2009a.

______. "La question de *Self*: émergence et complexité à la surface de l'expérience" *"Self" en questions*. L'éxprimerie-Cahiers de Gestalt-thérapie, College Europeen de Gestalt-therapie, n. 24, 2009b.

WHEELER, G. *Beyond individualism: toward a new understanding of self, relationship & experience*. Cambridge: Gestalt Institute of Cleveland Press, 2000.

5
Autorregulação organísmica e homeostase

PATRICIA VALLE DE ALBUQUERQUE LIMA (TICHA)

A autorregulação organísmica, segundo Goldstein, é o princípio natural que rege o funcionamento do organismo. Natural porque Goldstein concebeu esse princípio como próprio do organismo, descrevendo-o como um impulso, um *drive*, conforme a expressão usada em seu livro *The organism* (1995, p. 162, tradução nossa): "Essa tendência a atualizar sua natureza e a si mesmo é o impulso básico, o único impulso pelo qual a vida do organismo é determinada".

Ao mesmo tempo que Goldstein usou o termo "*drive*", ele mesmo propôs que a noção de *drives* (impulsos) deveria ser substituída pela ideia de que o organismo é dotado de potencialidades, ou seja, capacidades naturais do organismo de lidar com o meio a fim de estar sempre buscando a autoatualização. Logo, a noção de *drive* foi substituída pelo entendimento de que a autorregulação organísmica é uma potencialidade própria do organismo. Para o autor, a autorregulação é um princípio holístico, que age no ser humano – como parte que ele, o organismo, é da natureza – assim como atua em todas as outras formas de seres vivos e processos dinâmicos do universo.

Goldstein equiparava a autorregulação organísmica ao princípio homeostático da biologia. Nessa ciência, o termo "homeostase" é utilizado para designar a manutenção das condições estáveis ou constantes no meio interno do corpo humano. Em essência, todos os órgãos e tecidos do corpo desempenham funções inter-relacionadas que ajudam a manter tais condições (Hall, 2011). Como podemos perceber, esse conceito inicialmente era vinculado apenas ao pensamento biológico e se referia às condições internas da manutenção eficiente do funcionamento dos órgãos e tecidos corporais.

A noção de meio interno foi desenvolvida no século XIX pelas ciências biológicas para descrever que, diante das mudanças que ocorrem no meio, os organismos vivos sempre buscam manter uma constância, ou seja, uma forma de equilíbrio. Com base nesse conceito, surgiu o termo "homeostasia", formado pelos radicais gregos *homeo* (o mesmo) e *stasis* (ficar), criado pelo fisiologista americano Walter Canon em 1929 (Hall, 2011). A homeostasia podia ser compreendida como a busca do corpo pela manutenção de condições estáticas ou constantes no meio interno.

Em Goldstein começamos a perceber a transição do uso desse termo até então utilizado no campo biológico e fisiológico para tratar dos processos de equilíbrio do ser humano dentro de um enfoque mais amplo. Em *The organism*, ele se utiliza, em vários momentos, do termo "homeostase" e em outros descreve esse mesmo processo como autorregulação ou autoatualização.

De acordo com a teoria organísmica, é a autorregulação que permite que o organismo se organize para buscar modos eficientes de satisfazer no meio suas necessidades prementes. O processo da autorregulação organísmica é, na realidade, uma grande forma de interação e negociação entre aquele ser que busca o fechamento e a resolução de uma situação de desequilíbrio – uma situação inacabada – por meio de uma ação no ambiente do qual o organismo é parte.

Lima (2005, p. 5), referindo-se ao pensamento de Goldstein, afirma:

> As potencialidades do organismo também não são biologicamente determinadas, mas só podem ser entendidas de modo holístico. Uma destas potencialidades apresenta-se como uma tendência do indivíduo de completar ações incompletas, ou seja, finalizar situações inacabadas.

Fritz Perls, no livro *Ego, hunger and aggression* (1969), escrito na década de 1940, já assume o organismo como a unidade referencial dos seus estudos e, por conta disso, traz o tema da autorregulação para a cena da teoria sobre o funcionamento psíquico, dando bastante destaque à importância do princípio autorregulativo no funcionamento global do organismo. Tratando desse tema, ele escreve: "Sendo um princípio geral, se aplica a qualquer sistema, qualquer órgão, tecido e a cada célula. [...] o princípio que governa nossas relações com o meio externo é o mesmo princípio intraorganísmico de busca de equilíbrio" (Perls, 1969, p. 86).

A partir dessa obra, que para muitos autores marcou a transição de sua visão psicanalítica para a criação da Gestalt-

-terapia, Perls sempre tratará da autorregulação como um princípio homeostático de busca de equilíbrio que rege todos os processos de funcionamento do organismo.

Segundo Lins (2007, p. 138):

> A homeostase (ou processo de autorregulação organísmica) envolve a totalidade do organismo em sua interação com o ambiente. Abarca todos os tipos de necessidades e deficiências: fisiológicas (fome, sede, sono, temperatura corporal, sexo etc.), psicológicas (amor, confirmação, autoestima, entre outros), sociais etc. Atende a necessidade soberana dos seres vivos de autorrealização.

No entanto, Perls dá especial destaque ao papel da frustração no ciclo autorregulativo, pois defende o princípio de que uma situação pode se resolver não apenas pela plena satisfação da necessidade emergente. O ser humano pode experimentar a frustração diante do impedimento da resolução de modo ideal de sua necessidade sem que se paralise por essa experiência; ele poderá criar outros recursos e alternativas para tentar se autorregular. Segundo Perls (1977, p. 50), "sem frustração não existe necessidade, não existe razão para mobilizar os próprios recursos, para descobrir a própria capacidade..."

Tal capacidade de lidar com a não resolução de uma satisfação do modo primeiramente desejado, fazendo uso de outras formas de busca de satisfação, é o que a Gestalt-terapia chama ajustamento criativo, tema abordado neste volume. Trata-se da versão do termo em inglês "*creative adjustment*", que, de fato, pode tanto ser traduzido como "ajustamento criativo" quanto como "ajustamento criador". O que fica mais evidente para o entendimento desse conceito é que essa forma de ajuste, que visa à busca do equilíbrio entre aquilo que se deseja ou de que se precisa e as possibilidades existentes no meio, não é, de maneira alguma, um modo padronizado ou mecânico de buscar o equilíbrio. Pois, para que a autorregulação aconteça, é imprescindível que o ser humano conte com seu potencial criativo para inventar outros modos e ser um agente criador nesse processo interacional de ser alguém que habita e se realiza no mundo.

Destaca-se o papel que a criatividade assume na abordagem gestáltica, pois Perls concebe o homem como dotado de um potencial criativo que lhe assegura novos modos de se expressar e de agir, mudando o campo ao seu redor e, com isso, transformando-se permanentemente:

> A perda da criatividade é uma das consequências mais usuais nos processos de restrição de funcionamento no ciclo da autorregulação organísmica. Poderíamos então afirmar que a criatividade não é um "talento" que algumas pessoas possuem e outras não. Ser criativo é algo inerente à natureza do organismo. É uma dádiva do universo e a perda da criatividade é uma lástima, pois ela implica, entre outras coisas, na perda da capacidade da pessoa autorrealizar-se e viver a vida de modo prazeroso, lidando com as adversidades e restrições de forma inusitada e "reinventando" novos meios de estar no mundo a cada momento. (Lima, 2009, p. 90)

A partir de Goldstein, a noção da homeostase começa a considerar que a criatividade é a capacidade do ser humano de buscar respostas novas aos entraves do meio, sendo essencial ao processo autorregulativo do organismo. Segundo Alvim (2007, p. 212),

> ao tratar das relações do organismo com o meio, Goldstein atribui ao organismo um caráter de atividade [...], indicando que o organismo, tomando como referência uma sensação subjetiva de conforto e segurança, elege, diante das condições do meio, maneiras próprias e criativas de reagir, visando à regulação.

Em sua trajetória, Goldstein afastou-se do conceito de homeostase da biologia, que tratava apenas dos processos internos do organismo de busca de equilíbrio, e ampliou-o ao propor que a homeostase é holística e rege todos os níveis de funcionamento do indivíduo, tanto individuais quanto ambientais. Assim, para Goldstein (1995, p. 328), os processos não homeostáticos eram descritos como aqueles nos quais "os pacientes, por si mesmos, experienciam primariamente como uma doença, uma mudança básica na sua atitude diante do meio ambiente" (tradução nossa).

Desse modo, só podemos conceber a homeostase como uma busca de equilíbrio, sempre de modo dinâmico, em que inúmeros fatores do meio e demandas diversas do organismo se evidenciam o tempo todo. Talvez seja mais adequado, portanto, pensar a homeostase nos infinitos níveis de interação do ser humano como um ideal, uma busca e uma tendência. Assim ela pode ser considerada um modo de equilíbrio dinâmico, não estático ou finito, mas em constante movimentação.

Afirma Lins (2007, p. 138): "Ao considerarmos o fato de que estamos, todo o tempo, experimentando inúmeros desequilíbrios que originam necessidades diversas e simultâneas, concluímos que o processo homeostático se realiza de forma perene em nossa vida".

Ao mesmo tempo que o organismo busca o equilíbrio, vive um constante processo de fechamento de algumas necessidades e de surgimento de novas outras. Estar vivo e em busca de satisfação e saúde é lidar, permanentemente, com esse grande número de demandas que surgem e exigem escolhas, deliberações e ações.

Satisfazer a todas elas é uma tarefa inexequível, logo é premente a capacidade de discriminar e escolher aquilo que se torna mais importante e prioritário a cada momento. A essa capacidade organizativa de escolha daquilo que é mais importante resolver a cada situação a Gestalt-terapia chamará de discriminação de "hierarquia de necessidades".

Por necessidades Perls nomeava tudo aquilo de que precisamos para nos satisfazer, fechar nossos ciclos organísmicos, levando em consideração desde as demandas biológicas mais básicas, como aquelas que se vinculam aos afetos e às emoções que nos atingem. Perls (1977, p. 33) descreveu o organismo "como um sistema que está em equilíbrio e que deve funcionar adequadamente. Qualquer desequilíbrio é experimentado como necessidade a ser corrigida".

Perls, de fato, transpôs vários conceitos da teoria organísmica de Goldstein para compor o corpo teórico e a visão de homem e de mundo da Gestalt-terapia. Ele não só adotou integralmente a noção da autorregulação como expandiu ainda mais o alcance desse princípio para pensar o adoecimento psíquico do ser humano como processos nos quais existem bloqueios e rupturas no ciclo natural da autorregulação.

Enquanto ainda se notava na obra de Goldstein certa preocupação em reafirmar sua formação como médico e pesquisador na área da neurofisiologia, mesmo concebendo seus estudos segundo o ponto de vista holístico, percebe-se em Perls a total ruptura com a visão meramente biológica da homeostase e a busca de entender esse princípio como o modo de funcionamento que regularia todos os processos interacionais do ser humano.

Para compreender o funcionamento do ciclo da autorregulação organísmica, é importante entender o princípio de figura e fundo da psicologia da Gestalt, pois percebemos a clara transposição dos princípios enunciados por essa lei, que se refere à percepção, para o entendimento do funcionamento global da pessoa. Segundo Perls (1981, p. 23), referindo-se ao princípio da autorregulação,

> Formulando esse princípio em termos da psicologia da Gestalt, podemos dizer que a necessidade dominante do organismo, em qualquer momento, se torna a figura de primeiro plano e as outras necessidades recuam, pelo menos temporariamente, para o segundo plano. O primeiro plano é aquela necessidade que exige mais agudamente ser satisfeita...

Desse modo, o adequado funcionamento da autorregulação se dá como um fluxo, um ciclo vital no qual a reversibilidade de figura/fundo é fundamental. A interrupção ou fixidez desse fluxo é compreendida na Gestalt-terapia como um processo não saudável ou não funcional, no qual não se dá o fechamento da situação. Araújo (2007, p. 113) destaca:

> Quando a fluidez do processo de formação e destruição de figuras é interrompida, a figura ou Gestalt que não pôde ser completada torna-se uma situação inacabada. [...] A terapia gestáltica busca restabelecer a fluidez do processo de formação figura/fundo por meio da análise das estruturas internas da experiência presente.

A importância dada por Perls à homeostase foi tão grande que ele dedicou uma parte do livro *A abordagem gestáltica e testemunha ocular da terapia* (1981, p. 20) ao conceito:

> Nossa premissa seguinte é que todos os comportamentos são governados pelo processo que os cientistas chamam de homeostase e que os leigos chamam de adaptação. [...] a homeostase é, portanto, o processo através do qual o organismo satisfaz suas necessidades. Uma vez que suas necessidades são muitas e cada necessidade perturba o equilíbrio, o processo homeostático perdura o tempo todo.

Esse conceito é tão vital para pensar o funcionamento saudável na Gestalt-terapia que Perls (1981, p. 20) diz que "[...] quando o processo homeostático falha em alguma escala, quando o organismo se mantém num estado de desequilíbrio por muito tempo e é incapaz de satisfazer suas necessidades, está doente".

Também vemos em Perls o termo "homeostase" ser usado de modo sinônimo à autorregulação, como ele mesmo escreveu: "[...] poderíamos chamar o processo homeostático de processo de autorregulação, o processo pelo qual o organismo interage com seu meio" (p. 21).

Na Gestalt-terapia, atos diversos – como o de comprar um saco de pipoca no caminho para casa quando se sente que a fome é tanta que não seria razoável esperar chegar lá para fazer uma refeição adequada, um telefonema dado a um amigo no meio da tarde só para dizer que sente saudades ou quando a pessoa se sente sozinha e busca modos de se reaproximar dos outros – são igualmente pensados como atos autorregulativos que visam resgatar um estado harmônico do organismo.

O fim último da autorregulação é a busca do bem-estar, do prazer, da harmonia. Mas nem sempre no jogo interacional que o indivíduo trava com o meio a satisfação total é possível de alcançar. Então, o "jogo de cintura", a criatividade e a possibilidade de "inventar" novos modos de resolver uma necessidade não sanada são fundamentais para estabelecer o funcionamento saudável. Para isso, Perls aponta que o pensamento e a fantasia podem ser grandes aliados na procura mental de outras saídas e na conjectura sobre novas possibilidades e caminhos outros a ser tomados. Segundo o autor (1981, p. 28), "a atividade mental parece ser a atividade que a pessoa total exerce num nível energético inferior às das atividades que denominamos físicas". E, quanto ao termo "inferior", destaca que com ele não pretende dar um caráter de valor, mas considera que as atividades mentais "[...] exigem menos dispêndio de substância corporal que as que chamamos físicas" (p. 28).

A disfuncionalidade surge quando o indivíduo, diante da incapacidade de alcançar satisfação de determinada necessidade por meio de uma ação esperada no meio, percebe-se impedido de realizar essa ação e se paralisa. Não busca outras soluções, fixa-se na frustração, estagna seu fluxo autorregulativo e o estanca. Não consegue reagir usando a agressão e tentando abrir uma brecha para alcançar aquilo que buscava nem criar novas alternativas para dar conta da situação de outro modo. Pois tudo muda, o tempo todo, ao nosso redor. E a capacidade adaptativa de reagir às mudanças e de buscar outros arranjos possíveis é fundamental para que o bem-estar se instale. O grande desafio que Perls apontou na autorregulação é que, ao mesmo tempo que precisamos nos ajustar, isso só pode ser feito de modo criativo e inovador.

Goldstein já afirmava que a mudança é parte da autorregulação e que adaptar-se a ela é fundamental para o resgate da saúde do organismo. Ele descreveu esse processo em referência aos pacientes vítimas de lesão cerebral que acompanhou, mas, desde essa época, já pensava que tal processo podia ser muito mais abrangente e envolver a todo e qualquer organismo: "O meio ambiente de um organismo não é absolutamente algo definido e estático; ao contrário, está em metamorfose contínua, comensurável com o desenvolvimento do organismo e de sua atividade" (Goldstein, 1995, p. 50, tradução nossa).

É importante ressaltar que o modelo da teoria organísmica de Goldstein não foi o único proposto: vários outros autores traçaram teorias partindo dessas premissas. Além disso, a Gestalt-terapia não foi a única abordagem de psicologia a fazer uso do pensamento organísmico em suas bases. Outros autores também se referiram a tendência atualizante (Rogers, 1983, 1987), autorrealização (Maslow, 1962) e autorregulação (Reich, 1984) etc. Em Rogers (1983, p. 38) encontramos:

> Os indivíduos possuem dentro de si mesmos amplos recursos para a autocompreensão e para modificação de seus autoconceitos, de suas atitudes e de seu comportamento autônomo. Esses recursos podem ser ativados se houver um clima, passível de definição, de atitudes psicológicas facilitadoras.

No livro *Tornar-se pessoa* (1987, p. 113), Rogers em vários trechos desenvolve aspectos importantes sobre o princípio da autorregulação organísmica, muito próximos do ponto de vista adotado pela Gestalt-terapia:

> Comecei a compreender que os indivíduos não se movem a partir de um ponto fixo ou homeostático para um novo ponto fixo, embora um processo deste gênero seja possível. Mas o contínuo mais significativo é que o que vai de fixidez para a mudança, da estrutura rígida para o fluxo, de um estado de estabilidade para uma realidade processual.

Talvez seja interessante considerar o contexto das ciências nas primeiras décadas do século XX, quando o pensamento fragmentário do mecanicismo era bastante presente e descrevia a sociedade, a natureza e o ser humano como conglomerados de partes que deveriam ser estudadas e compreendidas em separado. O surgimento do pensamento organísmico vai em busca de uma visão mais holística no campo das ciências, buscando entender os processos humanos, sociais e biológicos de modo não dissociado.

Do mesmo modo, é interessante destacar que no cenário da psicologia houve um movimento de dissidência, denominado "movimento da terceira força", que também buscava trazer outros modelos para pensar o ser humano que não os da psicanálise e do behaviorismo. Uma marca forte nessas escolas da terceira força é que grande parte delas aderiu ao pensamento organísmico e se baseou, portanto, em conceitos autorregulativos.

Isso parece fazer bastante sentido porque marcou uma ruptura com a primazia do pensamento psicanalítico para descrever o desenvolvimento psicossexual. Outras escolas, como a Gestalt-terapia, defendem a importância do princípio autorregulativo, que indica uma oposição clara ao princípio da pulsão de morte. Defender o princípio da autorregulação no ser humano significa acreditar que as ações deste buscam a harmonia e a realização, jamais a autodestruição. Esta só pode ser entendida como uma deturpação doentia do ciclo autorregulativo.

Goldstein defende a ideia de que, quando uma pessoa é submetida a restrições severas e impedimentos constantes de se autorrealizar, ela pode criar reações sintomáticas. Ela ainda busca se adaptar à situação de algum jeito, mas passa a funcionar de um modo não harmônico e pode ter atitudes destrutivas – em relação a si própria, ao meio ambiente e aos outros. Mas essas reações são consequências de um grau insuportável de frustração das suas necessidades mais básicas.

Desse modo, a Gestalt-terapia adota uma visão sobre a função dos sintomas inovadora para a psicopatologia da época, pois compreende que todo sintoma foi, inicialmente, uma tentativa de buscar a autorregulação diante de um entrave ou impedimento do meio, visão essa que já fora desenvolvida por autores como Reich (1984), entre outros. Exemplos clássicos podem ser usados, como compreender que um menino proibido de expressar emoções e chorar na frente dos outros por um pai extremamente repressor pode desenvolver rigidez muscular no rosto e na mandíbula e dificuldade de manifestar qualquer emoção em outras situações. A construção dessa rigidez motora e emocional foi autorregulativa inicialmente, mas ao longo dos anos talvez tenha se tornado obsoleta; a partir da *awareness* da situação atual, outros modos de expressão podem ser desenvolvidos e uma maior soltura corporal ser atingida.

Nesse sentido, o processo psicoterapêutico busca, por meio da *awareness*, permitir que o fluxo autorregulativo se estabeleça plenamente, o sintoma seja ressignificado e outros modos de agir e estar no mundo, menos restritivos, sejam alcançados. Mas as mudanças não ocorrem apenas por meio da psicoterapia; muitas vezes, os caminhos e descaminhos da vida são, em si, restauradores dos mecanismos naturais da saúde. Estar atento à nossa experiência, buscando o contato pleno com as emoções, sensações e pensamentos que emergem e permitindo-nos identificar as reais necessidades que surgem a cada momento, é, por si só, uma experiência curativa. Como já nos diziam Perls, Hefferline e Goodman (1997, p. 46), "a *awareness* não é uma reflexão sobre o problema, mas é ela própria uma integração criativa deste".

Para que a reintegração ocorra, Perls dá especial destaque à importância do autossuporte do cliente, que, cada vez mais, deixaria de depender do referencial externo (suporte ambiental) e passaria a confiar mais na própria sabedoria organísmica, no seu fluxo autorregulativo: "[...] O processo de maturação é a transferência do apoio ambiental para o autoapoio, e o objetivo da terapia é fazer com que o paciente *não* dependa dos outros e descubra desde o primeiro momento que ele pode fazer *muito mais* do que ele acha que pode" (Perls, 1977, p. 50).

Com a evolução do pensamento sistêmico, outros modelos surgiram para pensar o papel da autorregulação nos sistemas, e a contribuição desses autores é vital para uma melhor compreensão do conceito e do funcionamento da autorregulação na teoria da Gestalt-terapia. Como aparece em Lima (2005, p. 138): "Pensando em linguagem sistêmica, há uma reorganização no modo de funcionamento do sistema sempre que uma nova demanda surge".

Logo, cada vez menos é possível pensar a autorregulação como um processo de equilíbrio homeostático do meio interno, ou melhor, no caso dos seres humanos, como intrapsíquico. Fica evidente que a autorregulação é um princípio sistêmico próprio ao funcionamento dos sistemas abertos – aqueles que dependem das trocas efetuadas no meio para subsistir – em busca de modos de equilíbrio dinâmicos, ao mesmo tempo que é holístico, pois se dá em todos os níveis de funcionamento do sistema. Citando Vasconcellos (2005, p. 229): "Manter-se por meio da mudança – conservar-se, transformando-se: essa coexistência de *estabilidade* e *mudança* é considerada característica essencial da vida..."

Dessa forma, pensar a autorregulação é pensar as mudanças que todos os sistemas humanos travam, continuamente, ao longo do seu processo de evolução, levando em conta que a mudança e a reorganização consequente no sistema podem ter sido iniciadas por transformações climáticas do ambiente, mas dado que "tudo muda o tempo todo no mundo" a transformação constante é condição *sine qua non* para o processo de adaptação que precisa ser sempre criativo e dinâmico – nunca seguindo regras preestabelecidas. A fim de encerrar o tema apenas por ora, pois se trata de um assunto a ser ainda bastante discutido e repensado pelos autores da Gestalt-terapia, faço uso de palavras minhas anteriormente escritas (2005, p. 139):

> Os processos de mudança – compreendendo a mudança como a transformação natural pela qual, os sistemas abertos, regidos pelo princípio da autorregulação, passam constantemente – são deste sistema como um todo, desta *Gestalt*, deste *Holos*. Indo mais além [...] a transformação é uma transformação que reverbera em todo o campo e traz interferências generalizadas.

Assim, gostaria de encerrar este capítulo dizendo que mudar constantemente é fundamental para funcionarmos do modo mais saudável possível ao longo da vida. Isso implica podermos ser diferentes a cada nova ocasião. E significa que só pela autorregulação podemos sobreviver a essa demanda de sermos, para além de organismos, criadores e criaturas que, ao nos modificarmos, modificamos a nossa realidade. Permitindo-nos acompanhar o fluxo de transformações que ocorre no universo, sendo por ele guiado de modo holístico e, portanto, tornando-nos inovadores e criativos, coexistimos e sobrevivemos a esse processo de evolução holístico que é a própria transformação do cosmo e de tudo o que nos cerca.

REFERÊNCIAS BIBLIOGRÁFICAS

ALVIM, M. "Teoria organísmica, organismo, campo organismo/ambiente". In: D'ACRI, G.; LIMA, P.; ORGLER, S. (orgs.). *Dicionário de Gestalt-terapia – Gestaltês*. São Paulo: Summus, 2007.

ARAÚJO, F. "Figura e fundo". In: D'ACRI, G.; LIMA, P.; ORGLER, S. (orgs.). *Dicionário de Gestalt-terapia – Gestaltês*. São Paulo: Summus, 2007.

GOLDSTEIN, K. *The organism*. Nova York: Zone Books, 1995.

HALL, F. *Tratado de fisiologia médica*. São Paulo: Elsevier, 2011.

LIMA, P. *Psicoterapia e mudança: uma reflexão*. Tese (Doutorado em Psicologia) – Instituto de Psicologia, Universidade Federal do Rio de Janeiro, Rio de Janeiro (RJ), 2005.

______. "Criatividade na Gestalt-terapia". *Revista Estudos e Pesquisa em Psicologia*, Uerj, ano 9, n. 1, 2009, p. 87-97.

LINS, C. "Homeostase". In: D'ACRI, G.; LIMA, P.; ORGLER, S. (orgs.). *Dicionário de Gestalt-terapia – Gestaltês*. São Paulo: Summus, 2007.

MASLOW, A. *Introdução à psicologia do ser*. Rio de Janeiro: Eldorado, 1962.

PERLS, F. *Ego, hunger and aggression*. Nova York: Vintage Books, 1969.

______. *Gestalt-terapia explicada*. São Paulo: Summus, 1977.

______. *A abordagem gestáltica e testemunha ocular da terapia*. Rio de Janeiro: Zahar, 1981.

______. *Gestalt-terapia*. São Paulo: Summus, 1997.

REICH, W. *A função do orgasmo*. São Paulo: Brasiliense, 1984.

ROGERS, C. *Um jeito de ser*. São Paulo: EPU, 1983.

________. *Tornar-se pessoa*. São Paulo: Martins Fontes, 1987.

VASCONCELLOS, M. J. *Pensamento sistêmico – O novo paradigma da ciência*. Campinas: Papirus, 2005.

6
Ajustamento criativo e hierarquia de valores ou necessidades

BEATRIZ HELENA PARANHOS CARDELLA

"Quem dispõe de muito de si, não apenas dos paladares adocicados, mas quem faz uso das fantásticas especiarias da vida, mesmo do amargo, esse desenvolve um senso de recurso e tem tudo. Apropriar-se e responsabilizar-se pela vida é o que nos disponibiliza o recurso de todos os recursos, que é a fé na existência de recursos." (Bonder, 2001, p. 159)

"Sempre há uma possibilidade de crescimento." (Perls, 1979, p. 316)

A ANTROPOLOGIA DE PERLS E DA GESTALT-TERAPIA

A concepção de Nilton Bonder (2001, p. 159), conhecido rabino brasileiro, de que "o recurso de todos os recursos é a fé na existência de recursos", revela de forma poética um dos pilares fundamentais da Gestalt-terapia.

É com base nesse pressuposto antropológico que abordarei os temas do *ajustamento criativo* e da *hierarquia de neces-*

sidades, importantes conceitos que compõem o corpo teórico da abordagem.

As raízes judaicas do rabino, assim como as de Fritz Perls, um dos criadores da Gestalt-terapia, revelam em sua mitologia e antropologia a sabedoria da fé nos recursos.

Na cena paradigmática do Êxodo, os judeus deixaram o Egito para libertar-se da escravidão e do jugo do ídolo (o faraó); atravessaram desertos como *povo*, numa *relação* de confiança, em busca da Nova Jerusalém.

A antropologia revelada pelo mito concebe a condição humana como *passagem*, como travessia, feita em companhia e em comunidade, numa relação de abertura e confiança, sustentando a precariedade para além do exílio e dos aprisionamentos no *mesmo*, movida por uma fé nos recursos e pela esperança de um porvir.

Para atravessar o sofrimento da escravidão e do desterro e colocar-se em marcha, em busca da terra onde "jorram leite e mel", é preciso ser capaz de profundo ajustamento às circunstâncias áridas e inóspitas, o que só é possível com fé nos recursos, com disponibilidade para encontrá-los, criá-los, compartilhá-los e renová-los, responsabilizando-se pelo próprio destino, que é de cada um e de todos ao mesmo tempo.

Além da fé nos recursos, é preciso esperança num amanhã (o vir a ser), que faz do *hoje* transformação contínua, superação, abertura, criação permanente.

A Gestalt-terapia nasce pelas mãos de um judeu nômade e exilado. Sua antropologia pessoal está impregnada da mitologia judaica, a despeito das contradições e dos questionamentos do próprio Perls, que depois de muitas buscas e embates se autodenominava um "zen-judeu".

Diz Laura Perls (*apud* Delacroix, 2008, p. 69) a respeito de Fritz: "Fritz compreendeu, com Hitler, que não podia renunciar a ser judeu, tal como não se pode renunciar a ser branco ou negro".

Somos história encarnada, singularizada e atualizada. Perls construiu a Gestalt-terapia e *mudou* a história.

A *sabedoria* sobre a condição humana revelada pelo *sofrimento* transgeracional, comunitário e biográfico está presente em sua antropologia, teleologia e teologia pessoais; o sofrimento e a sabedoria sobre a condição humana podem ser reconhecidos também, de forma implícita, em sua teoria, metodologia, atitude e prática terapêutica.

Perls foi um peregrino em busca de sua *Terra Prometida*. Construiu como último gesto de vida seu *Gestalt-kibutz*, revelando seu anseio do fim, sua teleologia e sua teologia pessoais, expressos em sua autobiografia; seu mito do fim era um *lugar*.

Perls esteve ao longo de toda a vida em busca de um *lugar humano*, de um lugar capaz de produzir gente *real*, como ele mesmo dizia, um lar espiritual, anseio ontológico do ser humano.

Ao viver os horrores do nazismo, expressou em diversas passagens o sofrimento do desenraizamento, das rupturas e do exílio, experiências de fratura do *ethos* humano; conheceu o fundamentalismo e o achatamento da singularidade e da criatividade humanas.

Seu sofrimento pessoal aconteceu não apenas na forma psíquica, mas também *ontológica*, ou seja, um conhecimento (pela falta) sobre a verdade da condição humana que lhe conferiu profunda sensibilidade e grande sabedoria, realizadas na criação da Gestalt-terapia. Perls revelou a necessidade ética de enraizamento na comunidade humana, o que só pode acontecer como acolhimento do singular e do criativo.

Quando partiu da África do Sul para os Estados Unidos, os passageiros do navio, ao final da viagem, o homenagearam e cantaram para ele. Diz Perls (1979, p. 76): "Eu não tinha feito nada para merecer isso. Fiquei comovido até o fundo, corri para minha cabina e me debulhei em lágrimas. *Um cigano solitário lamentando não pertencer a nada?*" (Grifo meu)

Nessa passagem, ele revela facetas de um sofrimento pessoal, comunitário e transgeracional, assinalando implicitamente anseios de pertencimento e enraizamento. Expressa a necessidade ontológica de pertencimento e de inclusão em uma comunidade.

Para Perls, no fundo do *eu* havia um *outro*, uma comunidade. Pressentia a *confiança* e ansiava por ela (experiência de lugar na vida de um outro), terminando sua autobiografia interrogando a possibilidade de *confiar*.

Não poder confiar é nunca ter vivido a experiência de encontrar *lugar* na vida de um outro. É estar *desenraizado*.

Enraizar é, paradoxalmente, deslocar, desarrumar, desconstruir o mundo do jeito que se organizava, recriar o tradicional; é ser acolhido nessa desarrumação, atualizando o mundo a partir de sua singularidade, recriando-o.

Para a Gestalt-terapia, o homem é um ser de fronteiras; viver na fronteira é viver na comunidade humana: estar com o outro sem deixar de ser si mesmo e para se tornar si mesmo.

A fronteira é onde se dá a *experiência*, o que possibilitará a constituição do si mesmo sem aniquilar a si ou ao outro, alcançando a diferenciação e a união, vivendo no tempo (movimento/esperança) e no lugar (raízes/confiança), aberto ao novo e ao inédito.

Podemos observar que a abordagem contempla essas facetas do humano: o campo de interdependência, a constituição do si mesmo ante o outro, o crescimento como processo, a necessidade de enraizamento e de abertura, o ajustamento criativo.

Seja na antropologia, no corpo teórico, nos referenciais metodológicos ou nas atitudes terapêuticas, a Gestalt-terapia é fundamentalmente uma abordagem que assinala a faceta ontológica do *entre* como realidade primeira, a liberdade, a criatividade, a responsabilidade e a transcendência, fundamentos do humano.

O homem realizado para a Gestalt-terapia é o homem *aberto*, em constante processo de atualização, transformação e realização criativa, capaz de unir-se e de separar-se ritmicamente, de tocar e de ser tocado pelo mundo.

É o homem *singular*, que cresce de modo contínuo, responsável pela própria existência e consciente de seu lugar e de sua participação no mundo que o cerca.

Sabemos que todas as abordagens psicológicas revelam importantes facetas da condição humana; é preciso enfatizar, porém, que nenhuma teoria dá conta do humano, mistério encarnado e singularizado. A totalidade da pessoa jamais pode ser nomeada ou capturada integralmente.

A fé na existência de recursos, ou seja, a confiança na *capacidade criativa* do ser humano, é para a Gestalt-terapia elemento privilegiado do *ethos*, a morada humana, fundamental para o acontecer humano. O *ethos* revela as necessidades básicas que precisam ser contempladas para que nos tornemos humanos.

É por meio do *ethos* humano que poderemos, como psicoterapeutas, acolher e compreender a pessoa diante de nós:

sua subjetividade, seu sofrimento, suas formas de adoecimento, seus recursos; no *ethos*, temos uma concepção de funcionamento saudável de *cuidado* e de *terapêutica*.

A relação terapêutica em Gestalt-terapia, compreendida como *intersubjetividade*, é o lugar da *ética*: morada, hospitalidade, solidariedade, ternura, cuidado, encontro; solo fértil a partir do qual o paciente pode enraizar-se, acontecer em sua singularidade, atualizar suas potencialidades e *destinar-se*, ou seja, colocar-se em marcha e em travessia.

A humildade do terapeuta é lugar ético na clínica, já que é reverência ao mistério que habita o si mesmo, o outro, o encontro e o ofício; reverenciar o mistério do outro é considerá-lo como ser *criativo*, que nos escapa, nos surpreende e tem existência própria.

Nessa perspectiva, a Gestalt-terapia é prática *dialógica*, contínuo confronto com a alteridade, a abertura e a disponibilidade para se deslocar dos próprios referenciais e ser tocado e transformado pelo modo de funcionar do paciente, que nos revelará o que antes dele desconhecíamos. A terapia é, então, travessia e transformação compartilhadas.

Em nossa abordagem, o terapeuta é *anfitrião*; a relação terapêutica é possibilidade de habitação poética do mundo, onde a pessoa singular diante de nós encontra raízes na comunidade humana (supera o desterro), apropriando-se de seus recursos, acolhendo seus limites, sustentando-se na precariedade e na instabilidade, responsabilizando-se por sua existência, compartilhando-a com os demais, num processo contínuo de crescimento e abertura para a vida, a incessante obra de ser *si mesmo* e cocriar o mundo.

Perls (1979) dizia que a função da terapia era transformar pessoas de papel em pessoas *reais*.

Para tornar-se real, é preciso tornar-se *humano*; o homem é ser de precariedade, ser de necessidades, aberto ao outro. Para tornar-se humano, as necessidades éticas fundamentais devem ser contempladas, é preciso ter encontrado o cuidado ético: a singularidade acolhida pelo mundo humano e em constante devir.

As fraturas éticas tão frequentes no mundo contemporâneo eram constantemente denunciadas por Perls (1979, 1988, 1997). A eclipse do fenômeno humano, a fragmentação do *ethos* e suas formas de sofrimento em seu registro ontológico e psíquico foram abordadas e contempladas na construção da abordagem, inclusive por meio de seus conceitos fundamentais, como veremos adiante.

A concepção de ser humano do psicoterapeuta estará presente no processo terapêutico e norteará suas intervenções, ainda que de forma implícita, e quanto mais coerente for com a estrutura de pensamento da abordagem e com as atitudes terapêuticas dela decorrentes mais integrado e fecundo será o trabalho com os pacientes.

Para Delacroix (2008), a antropologia em Gestalt-terapia é uma antropologia da *esperança*: o homem capaz de ir além do trágico, das rupturas, da perambulação e da errância; capaz de integração, de reunificação, de criação de um centro dinâmico, de renascimento, de transformação, de crescimento, sustentando-se na precariedade, na instabilidade e na incompletude, enfim, na condição humana.

É o homem singular que se realiza ao compartilhar a existência com outros homens, fazendo-se então humano.

Com base nos pressupostos antropológicos da abordagem, vamos contextualizar e compreender os conceitos de *ajustamento criativo* e de *hierarquia de necessidades*, fundamentais para o acolhimento dos recursos, das formas de sofrimento e de adoecimento com que deparamos no cotidiano da clínica, discernindo as modalidades de cuidado e as possibilidades terapêuticas em Gestalt-terapia.

O AJUSTAMENTO CRIATIVO

> "Raízes e asas.
> Mas que as asas enraízem
> E que as raízes voem."
> (Jimenez *apud* Crema, 2002, p. 17)

Nesses versos, o poeta revela o anseio humano por *inteireza*: "que as asas enraízem e que as raízes voem". A poesia expressa também dimensões do sofrimento e do adoecimento humanos: a prisão, a dispersão e a divisão.

Voar sem enraizar e enraizar sem voar é estar dividido, partido, desintegrado. Voar sem enraizar é perder-se, dispersar-se, estar sem chão, lugar, pouso e repouso. Enraizar sem voar é aprisionar-se, deter-se, estar para fora do tempo, do rumo, sem a possibilidade de vislumbrar o céu e mirar o horizonte.

Voar sem enraizar é não ter significado, desconhecer a confiança, perder-se em si mesmo. Enraizar sem voar é não ter sentido, esperança e perder-se no outro.

Voar sem enraizar é não se apropriar do passado. Enraizar sem voar é não poder vislumbrar um futuro.

Sem abertura e liberdade para enraizar e voar não há presente, não há ritmo, não há *fluxo*. Perls (1979) considera que o ritmo é o senhor de tudo.

Só alcançamos a inteireza se integramos raízes e asas, eu e outro, significado e sentido, confiança e esperança, passado e futuro, chão e céu, o que só pode acontecer no *presente*, que é atualização do passado e pressentimento do futuro.

De modo simples e profundo, Juan Jimenez revela a poética do *ajustamento criativo*. Uma criatividade que ajusta e um ajustamento que cria, polaridades que se inter-relacionam e compõem a totalidade.

Para Perls, Hefferline e Goodman (1997), o homem criado numa atmosfera de rupturas perde sua integridade, sendo necessária a superação dos dualismos para alcançar a inteireza. Superar os dualismos significa *transcender a perspectiva de oposição mente e corpo, organismo e meio, self e realidade, infantil e maduro, eu e outro, confiança e esperança, passado e futuro etc.*

A Gestalt-terapia é uma abordagem integrativa e interativa que considera o homem uma totalidade unificada que se autorregula a partir da *interação* com o meio.

Assim, o *contato* é o paradigma fundamental da Gestalt-terapia, a realidade mais simples e primeira, a superação das dicotomias e dos dualismos.

O crescimento se dá como processo de autorregulação organísmica, também chamado de *homeostase* – processo de busca de satisfação de necessidades, na direção de um equilíbrio dinâmico no campo organismo/meio.

Um dos processos que servem à autorregulação, além da formação de Gestalt e da *awareness*, é o contato.

O contato e a retração ou fuga (seu oposto dialético) são as funções mais importantes da personalidade, pois por intermédio delas satisfazemos nossas necessidades, assimilando o que é nutritivo e rejeitando o que é tóxico; são também as maneiras de lidar com os objetos do campo, na fronteira de contato, órgão de uma relação que não separa, mas protege e delimita organismo e meio (Perls, Hefferline e Goodman, 1997).

O contato é a função que revela a necessidade de união e de separação para que possa haver crescimento; contato é reconhecimento das diferenças, do novo, do outro, do não eu; só pode haver *experiência* quando há contato, condição de crescimento e mudança, possibilidade de atualização e transformação: "Todo contato é ajustamento criativo do organismo e ambiente" (Perls, Hefferline e Goodman, 1997, p. 45).

Com base no conceito de ajustamento criativo, esses autores buscaram descrever como se dá o contato no processo de autorregulação organísmica, ou seja, pela capacidade de adaptar-se renovadamente às circunstâncias.

Nessa perspectiva do ajustamento criativo, podemos observar, mais uma vez, a importância para a Gestalt-terapia da transcendência das dicotomias: pátria e exílio, conservação e mudança, tradição e traição, amor e agressão, significado e sentido etc.

Ajustar-se criativamente implica imprimir sua marca nos acontecimentos da vida, "pessoalizando-a", tornando-a *própria*, atualizando as potencialidades singulares, presentificando-as na interação com o mundo.

A vida humana é sempre vida de *alguém*, que acontece em meio aos *outros*. O outro, o diferente, o estranho nos limita, desafia, contesta, desaloja, desarruma e também confirma, testemunha, acolhe e se deixa transformar pelo nosso modo de ser. Paradoxalmente, nos faz outros para nós mesmos e possibilita que nos apropriemos do *próprio*.

Ajustar-se criativamente é viver a vida como fluxo, na interação com os outros e os acontecimentos, apropriando-se e criando recursos, assumindo a responsabilidade e a cocriação do próprio destino – pois, se não podemos determinar integralmente *o que* nos acontece, somos livres para escolher e responsáveis por *como* vamos viver as experiências, ofertando ou não a elas um sentido.

O ajustamento criativo não significa prescindir do já conhecido, do vivido, nem repetir o que é tradicional, mas ser capaz de um reposicionamento singular, diferente e pessoal do tradicional, recriando-o.

Ajustamento criativo é então a capacidade de pessoalizar, subjetivar e se apropriar das experiências que acontecem no encontro com a alteridade, processo contínuo no campo organismo/meio.

> A psicologia é o estudo dos ajustamentos criativos. Seu tema é a transição sempre renovada entre a novidade e a rotina que resulta em assimilação e crescimento [...] a psicologia anormal é o estudo da interrupção, inibição ou outros acidentes no decorrer do ajustamento criativo [...] Criatividade e ajustamento são polares, são mutuamente necessários. (Perls, Hefferline e Goodman, 1997, p. 45)

O ajustamento sem criatividade é adaptação excessiva, acomodação, resignação, conformismo, cristalização e estereotipia; a criatividade sem ajustamento se revela anarquismo desprovido de funcionalidade, portanto estéril.

A ideia de ajustamento criativo – que inclui autorregulação, abertura ao novo, contato vivo e vitalizante, em contraposição a controle externo, dependência, aprisionamento ao passado e comportamento estereotipado – é o que desdobra esse critério de saúde e norteia os procedimentos terapêuticos. O ajustamento criativo relaciona-se com a dialética de continuidade e mudança, com inserção estrutural do novo no velho para formar com ele uma nova configuração. A mobilidade estrutural do todo é a base da criatividade, enquanto a cristalização estrutural é a fixidez do passado no presente.

> Nessa perspectiva, a noção de ajustamento criativo não se confunde com conformismo disfarçado. Ao contrário, sugere a superação de estruturas relacionais que já não são funcionais, sem negá-las como matriz. É o clássico tema de que fixidez e a repetição se superam a partir do momento em que se toma posse do passado como história. Transformar repetição em recordação é o que Perls chama de encerrar situações inacabadas para que novos espaços possam ser explorados. (Tellegen, 1984, p. 46)

Assim, quando há contato com a necessidade e as circunstâncias, percebemos que a realidade é flexível e pode ser transformada, recriada; para tanto, é preciso exercer nossos poderes de orientação e manipulação, ou seja, transformar potencialidades em realizações para viabilizar a recriação da realidade.

O processo de ajustamento criativo implica, então, agressão e destruição, para nos apoderarmos das velhas estruturas e alterá-las, para assimilá-las. Não é negar as velhas estruturas, mas ser capaz de transformá-las, tornando-as singularizadas, *vivas* e presentificadas.

Yontef (1998) considera ajustamento criativo o relacionamento entre a pessoa e o meio no qual há responsabilidade e engajamento na condução de sua vida, sendo capaz de contatar, reconhecer e lidar com seu espaço de vida e criando as condições que conduzirão ao seu próprio bem-estar.

O bem-estar para a Gestalt-terapia não é *autossuficiência*, como na perspectiva do humanismo antropocêntrico característico do mundo contemporâneo, que prescinde do ajustamento e faz apologia da criatividade ou prescinde dela fazendo apologia do ajustamento.

Prescindir do ajustamento é a base do *individualismo*, que joga o homem na solidão profunda pela ausência de raízes. Prescindir da criatividade é a base dos *fundamentalismos,* dos totalitarismos e das padronizações, que fazem do homem, como nos aponta Perls (1979), *robôs de plástico e cadáveres vivos.*

Nessa passagem, Perls (1988, p. 131-2) denuncia as perturbações do ajustamento criativo, do homem descentrado e da falta de crescimento:

> Nas décadas precedentes o homem da sociedade viveu para o que é certo e fez seu trabalho sem se importar se realmente queria fazê-lo ou se era talhado para ele [...] Agora mudou todo o meio social. O puritanismo se transformou em hedonismo. Começamos a viver para a brincadeira, diversão, para estarmos ligados. Tudo dura enquanto é agradável. Também parece bom. Parece melhor que o moralismo. É, contudo, uma séria retirada. Quer dizer: tornamo-nos fóbicos em relação à dor e ao sofrimento.
>
> Deixem-me repetir isto. Tornamo-nos fóbicos em relação à dor e ao sofrimento. Qualquer coisa que não seja alegre ou prazerosa é evitada. Assim, fugimos de qualquer frustração que possa ser dolorosa e tentamos diminuí-la. E o resultado é uma falta de crescimento. Quando falo numa prontidão para ir ao encontro do desagradável, certamente não estou falando de uma educação para o masoquismo; pelo

contrário, o masoquista é uma pessoa que tem medo da dor e se treina para tolerá-la. Falo do sofrimento que acompanha o crescimento. Falo de encarar honestamente as situações desagradáveis.

Na perspectiva gestáltica então, bem-estar nada tem que ver com hedonismo ou masoquismo, com individualismo, conformismo ou puritanismo, mas com a capacidade de reagir também às dores que acompanham o crescimento, encarando-as com honestidade e abertura, ou seja, com *responsabilidade*.

Perls, Hefferline e Goodman (1997, p. 64) enfatizam a responsabilidade, que é sempre criativa e inclui a comunidade:

> Aqueles que enxergam de maneira mais penetrante, sentem mais intensamente e agem mais corajosamente em geral se desgastam e sofrem, porque *é impossível que alguém seja extremamente feliz até que sejamos felizes de maneira mais geral*. Contudo, se entrarmos em contato com essa realidade terrível, nela também existirá uma possibilidade criativa. (Grifo meu)

Assim, a criatividade e o ajustamento organismo/ambiente são polaridades: um não pode existir sem o outro.

Em Gestalt-terapia, a natureza humana em parte é dada e em parte é criada, portanto o ajustamento criativo é uma característica fundamental da condição humana básica.

Essa perspectiva implica que a psicoterapia é restauração do poder de ajustamento criativo do paciente, processo de autorrealização e de *atualização* de suas potencialidades criativas.

É importante que o psicoterapeuta compreenda, contudo, que o sintoma, o adoecimento e as organizações defensivas também são formas de ajustamento criativo, porém *disfun-*

cionais. São reações autorreguladoras, ainda que precárias. São as melhores respostas encontradas pela pessoa em determinadas circunstâncias no passado, que no entanto se cristalizaram. O que as torna disfuncionais é o fato de estarem desatualizadas e de desconsiderarem a existência de novos recursos e de novos contextos no presente, refletindo o estancamento do crescimento.

Perls (1988) costumava afirmar que o problema é sempre velho, mas a energia nele investida é sempre nova. Isso implica que o psicoterapeuta deve estar atento ao que é fresco, novo, irrepetível e se revela, inclusive, na autorregulação precária.

Uma história da tradição judaica revela o ajustamento criativo em *ação* (Bonder, 2001, p. 74):

> [...] um homem se perdeu em uma floresta. Buscou de todas as formas sair da floresta, mas não foi bem-sucedido. Ao anoitecer, quando estava prestes a se desesperar, viu ao longe uma luz. Logo pôde distinguir que se tratava de um homem com uma lanterna. Ficou exultante, certo de que estava salvo. Aproximou-se dizendo: "Estava perdido, mas pela graça dos céus encontrei-o!" O homem da lanterna respondeu com ar pesaroso: "Eu sinto muito... eu também estou perdido! Mas não se desespere. Você sabe por onde já buscou a saída e sei por onde tentei. Juntos teremos mais chances de encontrar o caminho!
>
> Enquanto buscava se consolar, viu que o homem da lanterna tinha os olhos fechados. Exclamou: "Você é cego?!" "Sim", respondeu com obviedade. "Mas, então, por que você precisa de uma lanterna?" "Ah... a lanterna não é para mim... não é para que eu veja, mas para que os outros me vejam!"

Essa é uma bela história de ajustamento criativo. Ela nos ensina que há recursos que vêm da escuridão, recursos que podem ser criados em meio ao desespero e à desorientação. É uma história de *reposicionamento* criativo diante das circunstâncias, é a recontextualização do sofrimento e do desespero, ou seja, a capacidade de sustentar-se numa situação, de forma diferente, usando os recursos disponíveis.

A cegueira do homem não é apenas ajustada, conformada, resignada, nem tenta inutilmente fazer a noite virar dia.

Num mesmo gesto de inteireza e integração, a cegueira *acata* e *rompe* a escuridão, e no encontro com o outro cria recursos, acende a lanterna, que se não nos faz ver nos torna visíveis. Raízes que voam e asas que enraízam.

A HIERARQUIA DE NECESSIDADES

> "Eu não seria gestaltista se não conseguisse entrar nessa experiência de estar atolado tendo confiança de que alguma figura emergirá do fundo caótico." (Perls, 1979, p. 52)

Na perspectiva gestáltica, o homem é uma totalidade que se autorregula, num processo constante de interação com o meio. Tal processo de interação se caracteriza pelo jogo de estabilidade e desequilíbrio e pela busca de satisfação das necessidades para alcançar um equilíbrio que é sempre dinâmico.

As necessidades são diversas e perturbam o equilíbrio, e cada vez que ele é perturbado o organismo busca restaurá-lo por meio do contato ou da fuga, ou seja, da interação com o meio.

Como as necessidades (físicas, psicológicas, sociais, espirituais) são muitas e simultâneas, a pessoa organiza-se para satisfazê-las, já que apenas uma necessidade pode ser atendida de cada vez; estabelece, assim, uma *hierarquia de necessidades*, uma *escala de valores*, na qual a necessidade prioritária é atendida preferencialmente e as outras aguardam a satisfação (Perls, Hefferline e Goodman, 1997).

A necessidade prioritária é denominada *dominante* ou *figura*; as demais recuam para o *fundo* até que se tornem emergentes e possam ser atendidas.

Esse processo é denominado *formação de Gestalt*, que serve à autorregulação organísmica (além do contato e da *awareness*) a fim de que a dominância seja atendida.

O processo de *formação de Gestalt* se dá com a emergência de uma necessidade que energiza e organiza o comportamento nos níveis perceptual e motor, que por meio do contato (ou da retração) busca de forma ordenada e integrada a satisfação da necessidade dominante.

> Cada situação inacabada mais premente assume a dominância e mobiliza todo o esforço disponível até que a tarefa seja completada; então torna-se indiferente e perde a consciência, e a necessidade premente seguinte passa a exigir atenção [...]. A consciência espontânea da necessidade dominante e sua organização das funções de contato é a forma psicológica da [autorregulação] organísmica. (Perls, Hefferline e Goodman, 1997, p. 84)

Perls, Hefferline e Goodman (1997, p. 85) consideram que as dominâncias espontâneas são estimativas do que é importante na ocasião e evidenciam a hierarquia de necessidades numa situação atual, expressando a sabedoria do organismo acerca das próprias necessidades e uma seleção a partir do ambiente do que as satisfaz. "Elas fornecem uma ética imediata". E exemplificam: "[...] Mesmo quando a situação 'objetiva' não pode ser mudada, por exemplo quando uma pessoa amada morre, há reações regulatórias do próprio organismo, tais como chorar e ficar de luto, que ajudam a restaurar o equilíbrio, se ao menos permitirmos que o façam" (p. 85).

Quando a necessidade dominante é satisfeita, a *Gestalt* se fecha e volta para o campo, a *figura* retorna ao *fundo* e um novo ciclo se inicia com a emergência de uma nova necessidade.

Para Ciornai (2007, p. 76),

> [...] as dominâncias não espontâneas, em contrapartida, serão aquelas forçadas e impostas (ou pela própria pessoa ou pelo meio). Envolverão obviamente menor motivação e tenderão a ser figuras confusas, desenergizadas e sem brilho [...] Dominâncias neuróticas não apenas se caracterizam por um excesso de deliberação e repressão, como são comumente orientadas por uma busca em atender as imposições e exigências externas em detrimento dos movimentos de autorregulação espontânea do organismo, e por frequentemente resultarem de avaliações arcaicas da situação, ou seja, experiências inacabadas do passado transportadas inconscientemente para a situação presente.

Assim, quando algum tipo de perturbação ou interferência ocorre no processo de *formação de Gestalt*, a necessidade não é satisfeita e a Gestalt não se fecha, permanecendo incompleta, caracterizando uma *situação inacabada*, que pressionará o organismo por fechamento.

A tensão e o resíduo que se formam interferem na capacidade do organismo de reagir às novas situações no presente, criando uma suspensão que obstrui ou dificulta o processo de reconhecimento e de satisfação da necessidade – que permanece sem finalização, prejudicando a fluidez do processo homeostático.

Dessa forma, o fluxo do processo de crescimento se interrompe, a figura tende a cristalizar-se e a pessoa fica detida, desorientada e por vezes paralisada, já que a energia disponível para realizar novos contatos e criativos é dissipada. Há perda de orientação e de vitalidade, o que interfere em sua capacidade de atualizar-se, de viver o presente de modo pleno e de projetar um futuro livremente.

A vida torna-se *repetição*, já que as possibilidades de iniciar, contatar e finalizar acham-se reduzidas e a abertura para viver e assimilar novas experiências, muitas vezes perdida. Estanca-se o processo de crescimento.

Há uma perturbação na dimensão da temporalidade, no fluxo da existência, configurando uma confusão entre passado e presente e, em virtude da detenção, a perda da possibilidade de vislumbrar o futuro, o porvir.

Essas obstruções acarretam um empobrecimento do viver; comparecem como sentimentos de aprisionamento no passado, como insatisfações e vazios no presente e perda de horizontes, sentidos e esperança, ou seja, do devir.

Outra história da tradição judaica ilustra a situação inacabada e a confusão na hierarquia de necessidades (Bonder, 2001, p. 140-1):

> Um rabino foi procurado por um comerciante. O comerciante se queixava que tinha aberto uma loja na mesma rua onde havia um concorrente e que este conseguia um movimento muito maior do que o dele. Ele queria saber do rabino por que tinha resultado inferior.

O rabino disse: "Talvez ele tenha produtos de melhor qualidade ou mais baratos". Ao que respondeu o comerciante: "Observo tudo o que ele tem e tenho igual por preço menor".

"Talvez ele tenha uma seleção melhor de artigos", disse o rabino.

"Impossível, acompanho tudo o que ele tem e, além de seus artigos, tenho muitos outros que ele não tem."

"Talvez o número de vendedores?"

"Sei quantos ele tem e contrato um número maior que o dele."

"Quem sabe os horários de funcionamento de sua loja sejam mais adequados?"

"Impossível. Sei qual é seu horário e permaneço aberto antes e depois dele."

Ao que o rabino reagiu: "Já sei qual é o problema!"

"Qual?", perguntou o comerciante, entre curioso e defensivo.

"Você está tão ocupado cuidando da loja dele que não consegue cuidar da sua!"

A história não nos informa qual situação inacabada motiva o controle incessante do comerciante sobre os negócios de seu vizinho, mas sugere que, embora ele anseie crescer e se autossustentar, encontra-se impedido, pois outra necessidade permanece *insatisfeita* (por exemplo, necessidade de reconhecimento, de confirmação, de valorização, de apoio etc.), obstruindo o fluxo de formação de *Gestalten*.

O comerciante posiciona-se de modo cristalizado na fronteira de contato buscando apoio ambiental, mas sem assimilá-lo e torná-lo próprio, ou seja, sem transformá-lo em autossuporte e crescimento. Assim, deixa de reconhecer seus recursos, de se apropriar deles e de se concentrar na própria experiência, o que não satisfaz a necessidade de autossustentação.

Busca sustentar-se de forma rígida e estereotipada usando os recursos do vizinho, o que revela uma *divisão* (eu/não eu), já que não se *apropria* dos recursos, como apontou o rabino, não reconhece o que é *próprio*, crescendo a partir da interação. Busca referências sem *assimilá-las*. Há uma confusão entre o que o nutre e o que o intoxica, entre o que é seu e o que é do outro.

Enaltece o vizinho e "desaparece", ou enaltece a si mesmo e faz o vizinho "desaparecer". Invalida os próprios recursos ou os do outro. Encontra-se misturado ao outro ou isolado dele, impedido de interagir de forma criativa e fluida. Ou adere ao modo de ser do vizinho ou compete com ele, num modo ora excessivamente permeável, ora excessivamente rígido. A interação é estereotipada e assume a forma de controle *defensivo*, ajustamento criativo *disfuncional*.

Há necessidade e sofrimento não conscientizados e, em consequência, recursos não mobilizados e/ou não utilizados. A situação inacabada do passado provavelmente impede o reconhecimento desses recursos, o que perturba a experiência e a fluidez no presente.

Podemos observar que a consciência da necessidade prioritária encontra-se reduzida (confusão na hierarquia), a figura emerge de forma confusa e desvitalizada, o ritmo contato-retração (a interação com o meio) está perturbado, o que dispersa energia e dificulta o fechamento da *Gestalt*, trazendo sentimentos de insatisfação, desorientação e irrealização.

Como vimos na história, quando há grandes perturbações na hierarquia de necessidades, a pessoa vive de forma estereotipada e autômata, sem posse de si, sem apropriar-se e responsabilizar-se por sua existência; sente-se muitas vezes desprovida de recursos e sem horizonte, perambulando pelo mundo, ora misturada nele ora isolada dele. Há um empobrecimento do viver.

Pode experimentar sentimentos claustrofóbicos e/ou agorafóbicos, tornando-se excessivamente enraizada e aprisionada ou dispersa e desenraizada. Pode vivenciar tédio, aprisionamento no *mesmo* ou sentir dificuldade de viver algo significativo, profundo e intenso.

Pode ficar aderida e excessivamente adaptada ao mundo ou sentir-se isolada, solitária, impossibilitada de estabelecer relações nutritivas, significativas e enriquecedoras, nas quais revele seu modo de ser e apreciar o modo de ser do outro.

A necessidade dominante, ou seja, a figura, evidencia-se pela clareza, pelo viço, pela energia e pelo brilho, e quando não é atendida "rouba" energia da próxima necessidade da hierarquia, que aparecerá confusa, opaca, desvitalizada; haverá dificuldade de reconhecê-la e atender a ela, prejuízo na capacidade de contatar e retrair e no fluxo da experiência presente.

Na clínica, poderemos reconhecer a ocorrência de tais interrupções e obstruções, que aparecem de diversas formas e em diferentes sintomas e formas de sofrimento, como: confusão, dificuldade de realizar escolhas e tomar decisões, impossibilidade de projetar o futuro, desorientação, desânimo, desinteresse, desesperança, tédio, sensação de esforço excessivo, estereotipias, insatisfações, vazios, aderências, isolamento, rigidez, perda de energia, dificuldade para repousar etc.

Mas, para Perls, Hefferline e Goodman (1997, p. 86),

> [...] a experiência neurótica é também autorreguladora [...] a energia está presa a uma tarefa (arcaicamente concebida) que não pode ser completada [...] O neurótico se autorregula e procura o terapeuta para completar uma situação inacabada genuína. Se o terapeuta

> considerar a situação terapêutica por esse prisma, como parte da contínua situação inacabada do paciente, que a está enfrentando por meio da sua própria autorregulação, existe uma possibilidade maior de o terapeuta ser útil do que se ele considerar o paciente como alguém equivocado, doente, "morto". Porque certamente não é por meio da energia do terapeuta, mas por meio de sua própria energia, que o paciente, em última instância, completará a situação.

Para os autores, a doença, as deficiências e os excessos somáticos, os perigos do ambiente, o amor, a evitação do isolamento e da solidão, a autoestima, a sustentação de si e o crescimento são necessidades de alto valor na hierarquia de dominâncias.

A hierarquia, entretanto, não é fixa, varia de pessoa para pessoa, na mesma pessoa e de circunstância para circunstância. Os valores não são escolhidos, mas aparecem espontaneamente, o organismo age de acordo com o princípio do que é *fundamental.*

Perls, Hefferline e Goodman (1997, p. 88) consideram ainda que o heroísmo é capaz de dominar o medo da morte e a pessoa abdica de salvar a própria vida em favor da vida de outrem; mesmo nessa situação, os valores não são escolhidos, eles simplesmente aparecem. Assim, tanto o heroísmo como o sacrifício de si mesmo não se configuram como atos de vontade ou autocoerção deliberada, e justamente por isso são gestos fortes e gloriosos. Mais uma vez, os criadores da Gestalt-terapia enfatizam a sabedoria organísmica e a reverência pelos recursos criativos, sempre singulares, que não prescindem do *outro*, mas se revelam em sua presença, por vezes implicando espontânea e criativamente o próprio sacrifício.

A CLÍNICA DO AJUSTAMENTO CRIATIVO: UMA CLÍNICA DA ÉTICA

> "O exílio termina no encontro dos exilados."
> (Bonder, 2001, p. 190)
> "O que seria de nós sem o socorro das coisas que não existem?"
> (Valéry *apud* Alves, 2007 p. 83)

"Eu não sou gente, sou coisa."

Essa foi a primeira comunicação de um paciente ao chegar ao meu consultório.

A revelação deixou-me perplexa e permaneci num silêncio apreensivo. Rompeu minhas preconcepções sobre o ser humano, sobre a psicoterapia e expressou uma forma de sofrimento até então desconhecida para mim, apesar dos anos de experiência. Paradoxalmente, senti profunda compaixão por aquele homem de olhar apagado e corpo quase inanimado.

Ao procurar acolher e compreender o que ele tentava me comunicar, eu fazia de início intervenções especulares, nomeando seu sofrimento e pedindo a ele que confirmasse, ou não, minhas impressões. Fiz-me disponível para acompanhá-lo, embora desconhecesse o território que percorríamos, o que sempre gera tensão e nos exige preparo renovado. Sentia-me tateando no escuro.

Aos poucos, fui percebendo que sua questão fundamental era paradoxal: de um lado, excesso de visibilidade; de outro, ausência de reconhecimento. Estava entre a iluminação excessiva e a escuridão absoluta, o que o lançava numa experiência de agonia e de enlouquecimento.

Percebi que caminhava num terreno instável que me exigia intensa atenção, delicadeza e cuidado. Eu precisava ser capaz de vê-lo sem capturá-lo e de acolher seu velamento sem abandoná-lo. Luz demais ou escuridão demais seriam a repetição dos desencontros vividos e dos encontros não acontecidos.

A metáfora da vela e de sua chama bruxuleante, que vela e desvela simultaneamente, surgiu em minha consciência e foi a orientação inicial para encontrar-me com ele, modulando a luz e a escuridão para que sua revelação não se tornasse exposição e suas sombras não se transformassem em isolamento e dispersão.

Fui-me dando conta de que o homem ansiava *sofrer.* Sem ser diagnosticado, analisado, psicologizado, patologizado. Conhecia como ninguém as luzes excessivas, os excessos de nomeação, que o atiravam na escuridão, na solidão absoluta, roubando seu mistério e sua humanidade.

O anseio fundamental era encontrar *alguém* diante do seu sofrimento, era *humanizar-se*. Para tanto, era preciso acolher sua singularidade, sustentar seu sofrimento, testemunhar as fraturas éticas vividas, revelar minha ignorância e falta de compreensão, compartilhar fragilidades e colocar-me em disponibilidade amorosa e terna, a despeito de minha própria cegueira no caminho que compartilhávamos.

É importante esclarecer que o anseio do paciente nada tinha que ver com masoquismo ou com se comprazer em sofrer. Sofrer, para ele, carregava a esperança de se fazer humano; era experiência de *companhia*, portanto experiência de *si mesmo*.

Aos poucos fui percebendo, com base em sua biografia, em seu sofrimento, em suas necessidades e em seus anseios fundamentais, que o lugar ético que ele me demandava era o lugar de *testemunha*, e que só aparecendo como *pessoa*, como *ser humano*, eu poderia ter a chance de encontrá-lo para oferecer cuidado e quem sabe ajudá-lo.

Era preciso caminhar com ele, aprender e me disponibilizar a enxergar na escuridão, vendo nela seu potencial criativo, iluminador e redentor, como na história judaica do cego perdido na floresta. Era preciso visitar meus próprios recantos obscuros e reinventar o olhar para enxergar a luz oculta na noite.

Um ensinamento judaico diz que, quanto mais se acende a luz, maior é o terror do escuro. Essa era a verdade de meu paciente.

Ele vivera a armadilha dos holofotes, que o lançavam, paradoxalmente, nas trevas absolutas. Ansiava a *penumbra* para, de dentro dela, perceber quando a noite se desfaz, pois que desemboca no dia, realizando um mistério. A penumbra só é possível quando há *outro*, que nos livra das trevas reconhecendo-nos na noite. Assim, foi preciso, com ele, acatar o anoitecer.

Ele vivera relações nas quais havia sido roubado de seus mistérios, portanto de sua humanidade. Luzes artificiais e escuridão absoluta o jogavam para fora do mundo humano, tornando-o *coisa*. Em outros momentos ele perambulava como um homem sem sombra, portanto como um *espectro*.

Certo dia, chovia torrencialmente ao final da nossa sessão. Despedimo-nos na porta da sala, como fazíamos habitualmente, mas ao perceber que ele estava sem guarda-chuva ofereci o meu, para que ele chegasse até seu carro.

Abrimos a porta da clínica, colocamo-nos sob o guarda-chuva, abraçados, e o levei-o até carro, num gesto simples e espontâneo de gentileza. Ele sorriu e pareceu espantado, pois estávamos ambos ensopados, mas ali nos despedimos apressadamente e só voltamos a nos falar na semana seguinte.

Ao entrar na sala, sentou-se, olhou-me com um brilho e uma ternura recém-nascidos e disse: "O que você fez por mim no dia da chuva foi a coisa mais importante que eu já vivi com alguém... Eu me senti real... Obrigado".

Novo espanto, novo silêncio, agora com certa compreensão, mesmo que velada. Era aurora. Amanhecia.

O que ele queria me dizer (eu já o reconhecia na noite que agora se fazia dia) é que não se sentia mais *coisa*, mas *gente*, e me ensinou que às vezes, para alguém ser gente, basta oferecer um guarda-chuva durante um temporal e andar uns passos abraçados e molhados. Ele me iluminava com sua lucidez.

O homem, por meio de seu sofrimento, revelou sua sabedoria, verdade sobre a condição humana: ser gente é ter lugar na vida de alguém. Mesmo que seja debaixo de um guarda-chuva. Quem tem lugar tem raiz, sente confiança. Quem sente confiança pode criar um destino, e quem vislumbra um destino tem asas, pode sentir esperança. Não é coisa nem espectro. É pura travessia. É amor e mistério *encarnados*. É *humano*.

REFERÊNCIAS BIBLIOGRÁFICAS

ALVES, R. *Perguntaram-me se acredito em Deus*. São Paulo: Planeta, 2007.

BONDER, N. *Fronteiras da inteligência*. Rio de Janeiro: Elsevier, 2001.

CIORNAI, S. "Dominâncias". In: D'ACRI, G.; LIMA, P.; ORGLER, S. (orgs.). *Dicionário de Gestalt-terapia – Gestaltês*. São Paulo: Summus, 2007.

CREMA, R. *Antigos e novos terapeutas*. Petrópolis: Vozes, 2002.

DELACROIX, J. *Encuentro con la psicoterapia*. Santiago do Chile: Cuatro Vientos, 2008.

PERLS, F. *Escarafunchando Fritz: dentro e fora da lata de lixo*. São Paulo: Summus, 1979.

______. *A abordagem gestáltica e testemunha ocular da terapia*. Rio de Janeiro: Guanabara, 1988.

PERLS, F.; HEFFERLINE, R.; GOODMAN, P. *Gestalt-terapia*. São Paulo: Summus, 1997.

TELLEGEN, T. *Gestalt e grupos*. São Paulo: Summus, 1984.

YONTEF, G. *Processo, diálogo e awareness*. São Paulo: Summus, 1998.

7
Temporalidade: aqui e agora

VIRGINIA ELIZABETH SUASSUNA MARTINS COSTA

TEMPORALIDADE: PERSPECTIVA FILOSÓFICA

Nada nos é mais familiar que o tempo que passa, nos consome e nos conduz para a frente. Nada é mais natural que a personificação do tempo pelo monstro Cronos (em grego, tempo se diz *khronos*) que devorava seus filhos à medida que sua esposa, Rhéa, os colocava no mundo. Entretanto, conforme enfatiza Augras (1993), na verdade o tempo nos devora, não porque nele vivemos, mas porque acreditamos na sua realidade.

Todavia, como questiona Piettre (1997), o tempo pode ser considerado uma entidade, a ponto de poder ser personificado? Segundo esse autor, a experiência do tempo antecede a de um não ser: o passado não é mais, o futuro ainda não é e o instante presente já passou.

Faz sentido, portanto, conceber um tempo do mundo, conferir alguma realidade objetiva ao tempo? Essa questão permeia as interrogações decisivas de Aristóteles e de Santo Agostinho e posteriormente as de Bergson e de Husserl, autor que neste capítulo será apontado em sua articulação com a

Gestalt-terapia, não isentando a importância das obras de Heidegger, Van den Berg, Minkowiski e Luijpen.

Esse percurso, inicialmente histórico, guiará nossas reflexões com o objetivo de contextualizar as questões relativas à compreensão do que se entende por consciência do tempo.

Segundo Augras (1993), desde a Antiguidade o ser humano buscou analisar racionalmente o fluir do tempo, objetivando sua marcha, seu curso, verificando suas repetições e relacionando-as ao espaço.

Husserl (1994) também se preocupou com os modos de viver o tempo. A ideia de vincular ao presente a modificação do passado e o conceito de tal modificação como algo contínuo, expostos por Brentano, são conservados por Husserl em sua própria descrição da temporalidade, quando afirma que a consciência de uma temporalidade que aparece, a exemplo da que surge ao se ouvir uma melodia, não seria possível apenas com a consciência de um presente. Esse mesmo filósofo tentou distinguir um tempo percebido de outro sentido:

> [...] se denominarmos sentido um dado fenomenológico que, através da apreensão, nos torna conscientes de algo objetivo como dado de carne e osso (*Leibhaft*), a que chamamos então objetivamente percebido, assim temos nós que distinguir também entre um tempo "sentido" e um "tempo percebido". O último é o tempo objetivo. Contudo, o primeiro não é ele próprio tempo objetivo (ou posição no tempo objetivo), mas antes o dado fenomenológico através de cuja percepção empírica se constitui a referência ao tempo objetivo. (Husserl, 1994, p. 40)

Portanto, para Husserl (1994), o tempo sentido não é aquele percebido objetivamente, mas um dado fenomenológico que a ele se refere. O tempo objetivo pertence à conexão da objetividade da experiência, na qual coisas e acontecimentos, corpos e propriedades físicas, psiquê e seus estados psíquicos têm suas posições determinadas pelo cronômetro; os dados temporais sentidos não são apenas percebidos, mas investidos de caracteres de apreensões a eles relacionados.

É pelas vivências temporais (*Zeitauffassungen*) que o temporal, no sentido objetivo, aparece. Ao ouvirmos uma melodia, temos a consciência de um processo sonoro que, sem dúvida, nos mostra uma sucessão, apreensões do tempo que se fundem. Assim, captar um conteúdo tal como ele é vivido não significa fazê-lo em um sentido objetivo. Esse filósofo alerta, então, para a duração e a sucessão de sensações que sofrem modificações. Durante todo o fluxo de consciência, o mesmo som está consciente como duradouro, como agora duradouro, fruto da retenção. O "depois" diz respeito a um tempo ainda na retenção. Husserl (1994, p. 62) prossegue: "O som agora se muda em som que foi e a consciência impressional converte-se em corrente permanente, numa consciência retencional sempre nova". Para Husserl, a consciência primária do tempo constitui-se na apreensão do momento com suas fases de retensão e protensão. O fragmento decorrido de uma melodia, por exemplo, é fruto da recordação (retenção), mas decorre também da expectativa antividente (*vorblickenden Erwartung*).

> Por conseguinte, ouço, de cada vez, apenas a fase atual do som, cuja objetividade total duradoura constitui-se num ato contínuo que é, em parte, recordação, em outra, pequeníssima, pontual, percepção e, em outra parte, é ainda expectativa. (Husserl, 1994, p. 56-7)

Portanto, Husserl (1994) retoma a psicologia descritiva de seu mestre, Brentano, e avança no sentido de uma psicologia fenomenológica mais originária, dirigida a uma análise fenomenológica da consciência primária do tempo, tal como é percebida nas suas fases de retensão e protensão. Um tempo do mundo da experiência, ou seja, um tempo imanente do curso da consciência.

Assim, na perspectiva da Gestalt-terapia, o interesse do terapeuta se direciona para o acontecer da presença do paciente, que, em sua essência, contém a dimensão da temporalidade na busca de compreender sua historicidade. Como enfatiza Costa (2004), à prática clínica interessa como essas retenções e protensões se manifestam na experiência do paciente *aqui e agora*, pois o passado significativo é o que aparece retido no agora. Afinal, o passado que tem significância é aquele retido presente.

TEMPORALIDADE E O AQUI E AGORA

Nesta seção, serão apresentadas as ideias que abarcam os principais aspectos relacionados à temporalidade, segundo os seguintes autores: Costa (2004), Perls (1977a, b e c, 2002); Perls, Hefferline e Goodman (1997); Yontef (1998) e Polster e Polster (1979).

Perls (2002), corroborando com os filósofos supramencionados, enfatiza que tudo tem extensão e duração, uma vez que medimos extensão em comprimento, altura e largura, e duração em tempo. Ressalta também que, embora não saibamos muito a respeito do tempo, a não ser que ele é uma das quatro dimensões de nossa existência, podemos considerar o tempo presente um ponto zero, em constante movimento dos opostos passado e futuro.

Para expressar essa ideia de movimento temporal, Petrelli (1999) utiliza a metáfora do pêndulo de um relógio que, ao transitar livremente para a esquerda, pelo centro e para a direita, pode representar a fluidez temporal necessária ao que considera saúde existencial na perspectiva fenomênico-existencial.

Apesar do fluxo temporal, Perls (2002) afirma que o centro temporal de nós mesmos, como eventos espaço-tempo humanos conscientes, é o presente, não havendo outra realidade senão ele.

A falta de contato com o presente, a não sensação de quem somos, leva à fuga para o passado (pensamento histórico) ou para o futuro (pensamento antecipatório). Mas como definir esse ponto, denominado aqui e agora?

Perls (1977a) o compara a um termo do budismo *Rinzai Zen* denominado *Koan*. Nesse sentido, o autor apresenta o *Koan* como uma questão insolúvel, pois se refere a ele considerando que não seja possível viver no aqui e agora, uma vez que ao se estar no presente ele passa a ser passado. Entretanto, nada existe exceto o aqui e agora, ou seja, só existe o aqui e agora e por estarmos no aqui e agora ele já não é, pois é passado e passado não é presente. Assim, o aqui e agora é a única possibilidade e, ao mesmo tempo, não existe. O agora é o presente, o ponto zero; é o momento percebido, carregado pelas memórias e pelas antecipações.

Perls (1977a, p. 69) salienta que a Gestalt-terapia exige uma disciplina rígida, como no zen, para compreender o significado do *agora* e do *como*, deixando de lado tudo que não esteja contido nestas palavras: "*Agora* engloba tudo que existe. O passado já foi e o futuro ainda não é. *Agora* inclui o equilíbrio de estar aqui, é o experienciar, o envolvimento, o fenômeno, a consciência".

Essa disciplina rígida se deve ao fato de esse conceito de "agora" ser um dos menos compreendidos na Gestalt-terapia, segundo Yontef (1998). Considerado um conceito funcional, que se refere ao que o organismo está fazendo, mudando a cada momento, atribuindo novo significado ou ainda reconfigurando o que foi feito há cinco minutos, não é visto como estático ou absoluto, mas a coincidência de muitas causas que levam ao quadro de situações semelhantes ao caleidoscópio, sempre mudando, mas nunca idênticas (Perls, 2002; Yontef, 1998). Afinal, a existência é considerada atualidade (*actuality*), é um tornar-se presente, uma experiência da especificidade na qual nos redimensionamos e produzimos outras possibilidades (Perls, Hefferline e Goodman, 1997; Perls 1977b).

Porém, é preciso pensar o presente como uma movimentação entre o passado e o futuro. Nesse sentido, são considerados distúrbios de *awareness* do tempo a falta de referência ao passado e/ou ao futuro e a vivência estagnada em um desses momentos temporais, o que acaba por ofuscar as possibilidades existenciais (Yontef, 1998; Polster e Polster, 1979).

Uma vivência equilibrada, ao não abandonar o ponto zero, considera o passado e o futuro, uma vez que relembrar e antecipar são movimentos esperados no existir humano que se apresentam como precipitações de funções anteriores como memória, arrependimento e tensão corporal ou como processos de planejar, almejar, temer e/ou fantasiar. Passado e futuro são, portanto, presenças ausentes, embora, do ponto de vista da experiência, não exista presente sem referência intrínseca ao passado e ao futuro (Costa, 2004; Perls, 2002; Yontef, 1998).

No entanto, muitas escolas de pensamento concebem o presente como resultado do passado, buscando a "causa primordial", seja no criador, na constituição herdada, na influência ambiental, na economia e na infância reprimida, entre outras, desconsiderando alterações do comportamento a não ser quando trabalhada a causa oculta, negligenciando o comportamento que ocorre no "aqui e agora", ressaltando a cognição "lá e então" do paciente (Perls, 2002; Yontef, 1998).

A Gestalt-terapia representa uma nova metodologia, que não se alicerça na busca das causas, daquilo que o paciente não sabe ou não pode saber a não ser pela interpretação da transferência psicanalítica, mas no que ele pode saber, aprender e focar no aqui e agora de sua vivência, assumindo a responsabilidade pela sua existência, o que favorece seu processo de amadurecimento (Perls, 1977a, 2002; Yontef, 1998).

Evitar assumir responsabilidade, culpando forças externas, os pais, a genética etc., provoca o autoengano, funcionamento encontrado com muita frequência na prática clínica – o que instrumentaliza o Gestalt-terapeuta a convidar o paciente a aprender a experimentar e a observar-se para descobrir e perceber seus próprios objetivos de modo ativo e responsável. Afinal, entregar-se às reminiscências verbais ligadas ao passado que abrange detalhes imutáveis é algo árido e desprovido de vida, ao passo que enfatizar o caráter prospectivo pode contribuir para antecipações fantásticas que talvez consumam o interesse pelo presente (Perls, 2002; Yontef, 1998; Perls, Hefferline e Goodman, 1997).

O experimento no aqui e agora surge, nesse contexto, como um instrumento metodológico dessa abordagem que evita a ênfase nas fixações introjetadas, na memória passada, na busca de causas e/ou nas formas fixadas de idealizações e antecipações futuras – consideradas neuróticas –, favorecendo o contato com possibilidades de vivenciar o presente. Este é considerado o centro da existência humana, no qual se encontram as responsabilidades existenciais (Perls, 1997, 2002; Perls, Hefferline e Goodman, 1997). Afinal, preencher o vazio entre o agora e o depois com plano fixos, entre outras possibilidades, é evitar a vivência do vazio produtivo no qual a solução pode ser encontrada, desde que, no agora, todas as funções de contato estejam a serviço da criatividade (Perls, 1977a).

A experimentação fenomenológica focada no aqui e agora também constitui uma ferramenta que pode resgatar a desordem provocada pela orientação exclusiva em qualquer um dos três tempos – passado, presente ou futuro – ou no isolamento dos três entre si, uma vez que a própria experiência presente produz símbolos que são afirmações válidas e se estendem para além do contexto terapêutico (Yontef, 1998; Polster e Polster, 1979).

O retorno à experiência presente, favorecida pela atitude fenomenológica, é considerado um antídoto para a pessoa com funcionamento neurótico, que com seu modo de viver anacrônico tem dificuldade de vivenciar o presente, autointerrompendo-se com situações inacabadas do passado, embora seus problemas existam no aqui e agora (Perls, 1977; Polster e Polster, 1979).

Entretanto, é importante considerar que não falar do passado quando necessário no presente, uma vez que pode surgir como uma série de situações inacabadas, é tão disfuncional quanto falar do passado para evitar algum aspecto do presente. Da mesma forma que falar do futuro pode ser um guia para novos planejamentos e não necessariamente uma forma de sublimação e um substituto para a ação (Perls, 2002; Yontef, 1998).

A prática gestáltica da vivência no aqui e agora, portanto, visa instigar e integrar situações inacabadas, não assimiladas, que não se tornaram parte de nós. Estas são consideradas uma Gestalt incompleta, que pode evidenciar aspectos do passado e do futuro que permanecem como figuras de interesse no contexto atual. Afinal, "não é pela inércia, mas pela função que uma forma persiste, e não é pela passagem do tempo, mas pela falta de função que uma forma é esquecida" (Perls, Hefferline e Goodman, 1997, p. 101).

Assim, aquilo do passado que está presente não pode ser considerado passado – como a vivência de uma experiência infantil recordada vividamente no aqui e agora, sem análises históricas de suas "causas" –, pois, embora as forças tenham se iniciado em algum campo anterior, o poder da saúde e da patologia está no campo atual, isto é, no presente. Dito de outra forma, o passado está presente no presente. Nesse aspecto, faz-se necessário refletir a respeito da utilidade da análise histórica da vida do paciente, que pode estar a serviço de ocupar algumas horas vazias de sua vida, como qualquer passatempo poderia preencher (Perls, 1977a, 2002).

Como salienta Costa (2004), o paciente acaba por sofrer as preferências do seu terapeuta: do contrário, não poderia sarar. Nesse sentido, já não se sabe, na realidade, quem são os principais adversários do presente e do futuro: o terapeuta ou o cliente.

AQUI E AGORA NO CONTEXTO TEÓRICO E CLÍNICO DA GESTALT-TERAPIA

Analisando os dados fenomenológicos matéria-prima da experiência, a Gestalt-terapia é considerada vertente do existencialismo interessada na natureza ontológica do homem, por colocar em destaque o primado da experiência concreta, a singularidade de cada existência humana, a noção de responsabilidade, expressando não apenas seu caráter filosófico de estar no presente, mas também um conjunto de operações que, com a prática, aperfeiçoa a aptidão de viver no presente (Zinker, 2007; Ginger e Ginger, 1995; Resnick, 1997).

Embora cada autor enfatize algumas das raízes filosóficas e teóricas que alicerçam a Gestalt-terapia, Yontef (1998, p. 42) salienta que todos os estilos e modalidades dessa abordagem têm em comum "a ênfase na experiência direta e na experimentação (fenomenologia), uso do contato direto e presença pessoal (existencialismo dialógico) e ênfase nos conceitos de campo, 'do que' e do 'como' e do 'aqui e agora'".

Considerada a linguagem do pensamento existencial, a fenomenologia se propõe a desenvolver uma descrição fiel e não interpretativa da natureza mutável da experiência humana, contribuindo para alicerçar filosófica e teoricamente o interesse pelo "eu e tu, aqui e agora, o que e como", superando a perspectiva da causalidade e inaugurando o caráter revolucionário da Gestalt-terapia – que não leva uma pessoa que se supõe saber mais a se impor a outra que se presume saber menos, influenciado pela psicologia da Gestalt e pela teoria de campo (Yontef, 1998; Zinker, 2007).

A perspectiva de campo, por exemplo, afirma não existir efeito a distância, uma vez que aquilo que o produz está contemporânea e concretamente presente, contrariando a noção de causalidade e enfatizando a perspectiva de olhar o mundo como um processo contínuo, em curso, como afirmava o filósofo Heráclito: tudo é fluir. Na Gestalt-terapia, a contemporaneidade é definida em termos da fenomenologia de uma pessoa, do seu experienciar no aqui e agora, o que justifica a investigação a respeito do que está sendo percebido e vivido no momento, por meio de interrogações como: "O que você está fazendo?", "Para que você faz isso?", "A serviço de quê faz isso?", "O que você sente?", "O que você quer?", "O que você evita?", "O que você espera?" Também se solicita ao paciente que permaneça com o que está acontecendo, explorando o que se faz presente, pedindo-lhe que perceba o que pode aprender no agora (Yontef, 1998; Perls, 1977a).

Termos como "aqui e agora" ou "agora estou consciente de" evidenciam escolhas que tanto trazem à tona a camada superior da formação de caráter do paciente e algumas de suas resistências mais primitivas como clareiam o caminho para o reconhecimento de todas as suas funções – em especial suas disfunções, seus conflitos e suas atitudes de escape. Isso favorece a *awareness*, compreendida como um fato sensorial que ocorre no aqui e agora e constitui um processo de orientação que se renova a cada instante, em cada agora, evoluindo e transcendendo (Yontef, 1998; Perls, 1977a).

Nesse sentido, o *continuum* de *awareness* leva a pessoa a aprender a utilizar sua própria *awareness* em qualquer situação, favorecendo a autorregulação organísmica no campo experienciado. Ela percebe como está provocando suas dificuldades e como enfrentá-las e resolvê-las no presente, no aqui e agora, sendo assim capaz de aprender que cada novo "agora" é diferente do anterior (Yontef, 1998; Perls, 1997).

Essas indagações tornam a terapia gestáltica mais experiencial que verbal ou interpretativa, integrando princípios da experiência. Ao solicitar ao paciente que reexperiencie seus problemas e traumas – situações inacabadas no presente – no aqui e agora, INVESTIGANDO como ELE se impede de "ser" agora e os modos utilizados para se interromper –, ele pode simultaneamente experienciar o si mesmo que se interrompera e ter *awareness*, objetivo da Gestalt-terapia (Yontef, 1998; Perls, 1997). Nesse sentido, Ribeiro (1999) ressalta que o terapeuta pode ajudar o cliente a ver-se como ser temporal, localizado no aqui e agora, e a perceber como o prazer e o tédio interferem na sensação de duração do tempo.

Assim, recordar a infância pode ser objeto de *awareness*, pois ela acontece aqui e agora, quando ocorre a cooperação dos sistemas sensorial, muscular e vegetativo, valorizando a primazia da experiência – na qual reside a superioridade do presente (Perls, Hefferline e Goodman, 1997; Perls, 1977c; Polster e Polster, 1979).

Ginger e Ginger (1995) também mencionam a importância da tomada de consciência da experiência atual (o "aqui e agora"), que reabilita a percepção emocional e corporal e favorece uma perspectiva unificadora do ser humano, uma vez que integra as dimensões sensoriais, afetivas, intelectuais, sociais e espirituais e permite uma experiência global na qual o corpo possa falar e a palavra, encarnar.

No processo terapêutico, portanto, é fundamental colocar a pessoa, o tempo todo, diante de sua experiência imediata, uma vez que ela é aquilo que está sendo naquele momento e, assim, qualquer focalização que realce aquilo que está acontecendo fornece uma base para a mudança, favorecendo o contato com o seu processo autorregulador e a percepção de si mesma e do mundo (Ribeiro, 1999; Polster e Polster, 1979; Joslyn, 1977).

Entretanto, Polster e Polster (1979) assinalam que uma pessoa que está aprendendo a estar no presente não pode ser obrigada a nele estar até que descubra como fazê-lo. Se forçada ao presente pela técnica gramatical – ou por qualquer outra forma imposta –, ela pode até consentir, mas será uma concordância estereotipada, mais uma forma vazia do que uma presença vital.

Faz-se necessário também focalizar não apenas a descrição do sentimento subjetivo do cliente (sua *awareness*), mas também a tomada de consciência por parte do terapeuta (sua *awareness* interna), de seu sentir, de tudo que se passa à sua volta – e, em particular, ao redor de seu cliente – no aqui e agora, assim como do processo intersubjetivo, partilhando o que lhe parece útil ao processo terapêutico. Afinal, o terapeuta não está alhures, num mundo de saber teórico, nem no lugar do cliente, muito menos usurpando suas emoções. Ele está, afinal, diante do cliente, sendo ele mesmo em relação com o mesmo, numa troca de pessoa a pessoa, num diálogo autêntico a dois, num "eu-tu" (Ginger, 2007; Ginger e Ginger, 1995; Perls, 1977a).

Essa atitude nos remete à atitude fenomenológica do cuidado – que, ao se dirigir às coisas, aos outros e a si mesmo, articula-se com a existência. Segundo Fernandes (2011, p. 342), "o sentido desse cuidado se dá, no entanto, como temporalidade".

Para esse autor, em decorrência da temporalidade, a existência se dá como *Ek-stática*, sempre aberta ao mundo – quer o mundo circundante, quer o da convivência, quer o mundo próprio. A existência já é sempre um ser fora de si. Portanto, o existir acontece na dinâmica da temporalidade originária, que se estrutura em três *ekstases*: a do futuro, a do passado e a do presente, que, em síntese, somos nós mesmos.

Na verdade, na prática terapêutica, essas três estruturas temporais são mobilizadas sem cessar, afirma Ginger (2007), num vaivém, numa emergência sucessiva de "figuras" sobre o "fundo" do *continuum* da consciência, da construção e da destruição de *Gestalten*, entre os fantasmas internos intrapsíquicos, os comportamentos externos e as relações interpsíquicas.

Ribeiro (2011) também enfatiza que somos feitos de ontem, de hoje e de amanhã; somos feitos de tempo e de espaço; portanto, o fundamento básico da existência é a temporalidade. Como projeto existencial, apenas o homem é capaz de cuidar, modificar ou interrompê-lo. Ele, como aqui e agora, existe como antecipação de si mesmo (Ribeiro, 1999, p. 28).

Cuidar do porvir (futuro) ou da facticidade (passado) ocorre apenas no presente: a atenção ao que vigora aqui e agora. "Quando esta temporalidade acontece em sua originalidade, então o cuidado se recolhe na graça do instante em que o tempo se torna pronome do ser" (Fernandes, 2011, p. 346). O cuidado com a temporalidade é sinônimo de zelo com a historicidade da existência, que é o cuidado com o ser.

Nesse sentido, na prática clínica, não se trata de questionar "O que é isto, o tempo?", mas de focar o modo de viver existencialmente na temporalidade e na historicidade do real vivido. Portanto, o terapeuta não tem como tema de investigação o tempo objetivo nem o tempo em si, mas modos de viver temporalmente, construindo espacialidades e temporalidades.

Nessa perspectiva, é necessário que o tempo seja concebido e tratado não de forma objetiva, segundo uma simples sequência linear. É preciso se deslocar para uma concepção de tempo vivido, em círculos, envolvendo presente, passado e futuro em uma totalidade dinâmica.

No meu aqui e agora, consigo vivenciar esse momento que é a coincidência entre o que vivenciei escrevendo o texto e a minha expectativa do que está por vir, quando o leitor se dispuser a investir seu tempo refletindo a respeito do tempo.

REFERÊNCIAS BIBLIOGRÁFICAS

AUGRAS, M. *O ser da compreensão: fenomenologia da situação de psicodiagnóstico*. Petrópolis: Vozes, 1993.

COSTA, V. E. S. M. "O aqui e agora em uma perspectiva clínica". *Revista do X Encontro Goiano da Abordagem Gestáltica*, 2004, p. 29-32.

FERNANDES, M. *A clareira do ser: da fenomenologia da intencionalidade à abertura da existência*. Rio de Janeiro: Daimon, 2011.

GINGER, A.; GINGER, S. *Gestalt, uma terapia do contato*. São Paulo: Summus, 1995.

GINGER, S. *Gestalt: a arte do contato*. São Paulo: Summus, 2007.

HUSSERL, E. *Lições para uma fenomenologia da consciência interna do tempo*. Lisboa: Imprensa Nacional da Casa da Moeda, 1994.

JOSLYN, M. "Figura/fundo: Gestalt/Zen". In: STEVENS, J. O. (org.). *Isto é Gestalt*. São Paulo: Summus, 1977, p. 303-26.

PERLS, F. *Gestalt-terapia explicada*. São Paulo: Summus, 1977a.

______. "Teoria e técnica de integração da personalidade". In: STEVENS, J. O. (org.). *Isto é Gestalt*. São Paulo: Summus, 1977b, p. 69-98.

______. "Terapia de grupo versus terapia individual". In: STEVENS, J. O. (org.). *Isto é Gestalt*. São Paulo: Summus, 1977c, p. 29-36.

______. *A abordagem gestáltica e testemunha ocular da terapia*. Rio de Janeiro: Zahar, 1997.

______. *Ego, fome e agressão*. São Paulo: Summus, 2002.

PERLS, F.; HEFFERLINE, R.; GOODMAN, P. *Gestalt-terapia*. São Paulo: Summus, 1997.

PETRELLI, R. *Para uma psicoterapia em perspectiva fenomênico-existencial*. Goiânia: Edipuc, 1999.

Piettre, B. *Filosofia e ciência do tempo*. Bauru: Edusc, 1997.

Polster, M.; Polster, E. *Gestalt-terapia integrada*. São Paulo: Summus, 1979.

Resnick, S. "Gestalt-terapia como prática meditativa". In: Stevens, J. O. (org.). *Isto é Gestalt*. São Paulo: Summus, 1977, p. 295-302.

Ribeiro, J. P. *Gestalt-terapia de curta duração*. São Paulo: Summus, 1999.

______. *Conceito de mundo e pessoa em Gestalt-terapia: revisitando o caminho*. São Paulo: Summus, 2011.

Yontef, G. M. *Processo, diálogo e awareness: ensaios em Gestalt-terapia*. São Paulo: Summus, 1998.

Zinker, J. *Processo criativo em Gestalt-terapia*. São Paulo: Summus, 2007.

8
Autossuporte e heterossuporte

CELANA CARDOSO ANDRADE

"Amadurecer é transcender ao apoio ambiental para o autoapoio" (Perls, 1977a, p. 49). É a partir dessa afirmação de Fritz Perls, considerado por muitos o principal fundador da Gestalt-terapia, que este capítulo se desenvolverá. Buscar-se-á compreender o significado dos conceitos de autossuporte e heterossuporte, também denominados autoapoio e apoio ambiental, sua relação com outros conceitos intimamente ligados a eles – como crescimento, autorregulação, teoria paradoxal da mudança, contato e amadurecimento – e suas implicações no processo psicoterapêutico.

Segundo o dicionário Houaiss (2001, p. 2643), "suporte" significa "qualquer coisa cuja finalidade é sustentar (algo); aquilo que dá suporte, que auxilia ou reforça". Nesse sentido, o vocábulo "suporte" refere-se ao conjunto de recursos desenvolvidos pela pessoa ao longo de sua existência que estão disponíveis a serviço de si mesmo e do outro. Comporta de aspectos muitas vezes despercebidos pela pessoa, como a respiração e outras funções fisiológicas, até costumes, habilidades, experiências, bem como formas de contato adquiridas ao longo da vida (Perls, 1988).

Existem dois tipos de suporte, o autossuporte e o heterossuporte, e eles se intercomunicam por toda a vida. Em palestra publicada no livro *Gestalt-terapia: teoria, técnicas e aplicações*, de Fagan e Shepherd, Perls (*apud* Perls, 1977c) relaciona o desenvolvimento do autossuporte ao potencial da pessoa, à independência pessoal e ao processo de amadurecimento, equiparando o funcionamento neurótico à falta do autossuporte. O suporte é essencial para qualquer contato, e a sua falta desencadeia sentimentos e comportamentos disfuncionais, como ansiedade, vergonha, insegurança, rigidez, timidez, baixa autoestima e dependência do outro.

Perls (1977a) exemplifica os conceitos de autossuporte e heterossuporte utilizando como referencial o desenvolvimento humano. O autor assevera que, observando o desenvolvimento do feto e, depois, o da criança, pode-se claramente compreender a passagem, nunca definitiva, do apoio ambiental (heterossuporte) para o autoapoio (autossuporte):

> Consideremos o feto. Ele recebe todo apoio da mãe – oxigênio, comida, calor, tudo. Assim que a criança nasce já é obrigada a respirar por si mesma. [...] O bebê não consegue respirar sozinho – e não há mais suprimento de oxigênio pela placenta. Não podemos dizer que o bebê tem uma escolha porque não há uma tentativa deliberada de pensar o que fazer, mas o bebê ou morre ou aprende a respirar. Deve existir algum apoio ambiental próximo – uma palmada ou provisão de oxigênio. [...] O bebê começa a crescer. Precisa ainda ser cuidado. Depois de algum tempo aprende algum tipo

> de comunicação [...] pouco a pouco mobiliza cada vez mais seu potencial, os seus recursos internos. (Perls, 1997a, p. 49-50)

A partir da fecundação, para que o feto se desenvolva, o suporte da mãe é imprescindível, e ainda assim seu desenvolvimento também depende dele mesmo. Esse intercâmbio organismo-ambiente em que se está inserto desde o princípio, em graus e situações muito distintos, demonstra que a pessoa necessita, desde o ventre materno, perceber onde e quando deve buscar o suporte para seu crescimento, amadurecimento e para a realização de suas necessidades.

Em muitas circunstâncias, é difícil distinguir entre o essencial, o supérfluo e o dispensável. O movimento de abrir mão do que já não serve não é fácil, pois além de a pessoa não ter certeza de que não serve mais ela já aprendeu a viver com aquilo que, apesar de não a nutrir, lhe permite sobreviver. Ela se pergunta: "Será uma boa opção viver sem esse hábito ou costume? E se for pior?" Ir em busca de algo desconhecido é vivenciado como um risco; por isso, para o cliente conseguir dar qualquer passo nessa direção ele precisa se conscientizar de que o seu jeito habitual de funcionar já está desatualizado e se tornou disfuncional. No momento em que o cliente diz "Chega!", ele passa a não mais se apegar ao que poderia perder, pois já está diferente e começa a vislumbrar o que poderia se tornar. Assim, pode iniciar a mobilização de energia em busca da satisfação da nova necessidade.

Perls, Hefferline e Goodman (1997), por meio do conceito de desprendimento criativo, asseguram que, na despedida de algo antigo, a pessoa tem a oportunidade de adquirir novos conhecimentos e vivências, deixando o conhecido e permitindo seu crescimento no diferente. É a partir do processo de desprendimento que, paradoxalmente, advém a experiência da ampliação de recursos pessoais, a que podemos chamar de vivência de crescimento.

Em resumo, o que de fato dificulta o caminhar do cliente em direção ao autossuporte é o princípio da caminhada, pois é nesse momento dos primeiros passos que "o impasse de até onde o apoio ambiental ou o obsoleto apoio interno não é mais suficiente, e o autoapoio autêntico ainda não foi obtido" (Perls, 1977a, p. 50). É uma estrada nova, muitas vezes bastante desconhecida, que, ao mesmo tempo, dá medo e vontade de conhecer.

Perls, Hefferline e Goodman (1997) entendem que, por intermédio do desprendimento criativo, a pessoa tem a chance de *abandonar suas muletas* que não servem mais, ou seja, suspender antigos sentimentos, pensamentos ou ações disfuncionais e acreditar que existem outras possibilidades. Assim, é preciso favorecer que o paciente esteja atento ao momento em que pode abrir mão dessas muletas e andar *com as próprias pernas*.

Para alcançar o objetivo de *andar com as próprias pernas* de modo autêntico, a pessoa necessita conhecer a si mesma, acreditar em seu potencial e se apossar do que é seu, nunca se esquecendo de que também existem recursos externos e de que pode usá-los, desde que necessário e/ou desejado. Afirma Perls (1988, p. 122): "A terapia gestáltica estabelece o postulado básico de que falta ao paciente autoapoio, e que o terapeuta simboliza o si mesmo incompleto do paciente. O primeiro passo na terapia, portanto, é descobrir o que o paciente necessita".

Segundo Perls (1977a), a pessoa tem dois caminhos a escolher. O primeiro refere-se a crescer, superar suas frustrações e assumir-se como pessoa que pensa, sente e age. O autor acrescenta que crescimento é a experiência da ampliação de possibilidades existenciais, que se dão pelo contato da pessoa com ela mesma e com o ambiente que a circunda, em uma visão de totalidade.

No contato consigo mesmo e com o outro, vários sentimentos, crenças e emoções desvelam-se e precisam ser integrados para formar um novo todo, visto que partes alienadas, quando reencontradas, passam a ter uma nova configuração e revelam outro sentido à existência. Crescer é estar cada vez mais perto de si mesmo, de suas possibilidades, enfim, do seu próprio tamanho.

O segundo caminho que a pessoa pode escolher é continuar manipulando o mundo e ficar onde está. Essa atitude ocorre por receio de enfrentar o mundo, as pessoas, e se mostrar como é realmente. A consequência é tornar-se refém do outro e de si mesmo. Exercendo o papel de manipulador, ela cria uma dependência, pois transfere para o outro decisões da própria vida. Aquele que torna a pessoa dependente tem o poder de tê-la de acordo com suas expectativas, de dirigir sua vida, e nem sempre se dá conta de que em nada ajuda um desenvolvimento autêntico. O terapeuta deve tomar cuidado para não assumir esse papel, pois o cliente, quando chega ao consultório, tende a repetir sua história naquele novo encontro, ou seja, continuar usando o heterossuporte.

Perls (1977a, p. 54-6) descreve essas duas maneiras de a pessoa se posicionar no mundo:

> A criança pode crescer e aprender a superar frustrações ou pode ser mimada. [...] Sem frustração não existe necessidade, não existe razão para mobilizar os próprios recursos, para descobrir a própria capacidade, para fazer alguma coisa; e, a fim de não se frustrar, o que é uma experiência muito dolorosa, a criança aprende a manipular o ambiente. [...] Em vez de usar seu potencial para crescer, ela agora usará seu potencial para controlar o mundo. Em vez de mobilizar seus próprios recursos, ela cria dependências.

Com o crescimento, a pessoa reduz suas dependências externas e mobiliza seu potencial. A busca de crescimento é influenciada pela atitude do Gestalt-terapeuta, que é a de capacitar o cliente a descobrir, por conta própria, a compreensão do que é seu. Miller e Fromm, na Introdução à edição do *The Gestalt Journal* editada no livro *Gestalt-terapia*, de Perls, Hefferline e Goodman (1997, p. 25), esclarece que "o crescimento surge da metabolização do desconhecido, que é assimilado do ambiente, tornando-o conhecido, o que o transforma em um aspecto do *self*".

A assimilação faz parte do processo de crescimento: "O organismo cresce ao assimilar do ambiente o que precisa para o seu próprio crescimento. [...] Somente por meio da assimilação completa é que substâncias heterogêneas podem ser unificadas em um novo Todo" (Perls, Hefferline e Goodman, 1997, p. 32). O movimento entre a novidade e a rotina resulta em assimilação e crescimento.

Como já vimos, nem sempre o caminho para o crescimento é simples. *Andar com as próprias pernas* e buscar o autoapoio autêntico em geral são situações por vezes complicadas. Se, de um lado, a pessoa quer se realizar, de outro, está inserta em uma sociedade que faz exigências diferentes das suas, o que impede um crescimento espontâneo.

A capacidade de obter esse crescimento espontâneo é, muitas vezes, *perdida* ao longo da vida, fenômeno em que se deixa de lado quem se é e passa-se a ser o que os outros esperam que se seja. Muitas vezes o ambiente exige que a pessoa seja aquilo que não é, que se torne um modelo ideal em vez de autorrealizar-se.

A pessoa aprende a não questionar quem é, o que quer, em que acredita. Muitas vezes, quando criança, escuta de seus pais, babás, professores etc.: "É assim e pronto", "É assim porque eu quero", "Não discuta, pois eu sei o que é melhor para você". Com isso, cada vez mais, distancia-se dela mesma, de seu potencial e, em consequência, deixa de acreditar em si mesma.

Alguns clientes podem chegar à terapia sem saber quem são e, portanto, relutam em reconhecer suas verdadeiras dificuldades, suas potencialidades, seus projetos. A falta de nitidez do que é a figura dominante pode tornar as escolhas mais difíceis. Muitas vezes, elas seguem caminhos alheios às suas reais vontades ou necessidades; outras tantas vezes, assumem outros projetos como se fossem seus.

O afastamento de si mesmo e o caminhar em direção diferente das suas reais necessidades dão-se pelo medo de não ser aceito e, até mesmo, de ser rejeitado. Esse risco leva o indivíduo a uma atitude que o distancia de si mesmo para ser amado, mesmo que condicionalmente. Miller (1986, p. 41) afirma que

> [...] só não percebemos que é um "amor" que exige provas de reciprocidade, que exige renúncias, enfim, que exige. Por esta razão,

> diante de qualquer ameaça percebida, vislumbrada, sentida ou pressentida, nós nos abandonamos, cedemos às pressões, às manipulações, às chantagens emocionais e fazemos o que querem que façamos, passamos a ser a criança bem-dotada.

O contato com o outro e com o ambiente forma a pessoa, mas também pode deformá-la, ao exigir obediência e adequação em detrimento da sua expressão pessoal. Em decorrência, a pessoa, na ânsia de ser aceita e, por sua vez, protegida e amada, a tudo se submete, em busca da sobrevivência emocional. Para sobreviver de modo digno, coeso e autêntico, é necessário resgatar a pessoa, identificar quem ela está sendo e como pode interagir de com criatividade. O indivíduo saudável desenvolve seu autossuporte de forma contínua e em contato com o ambiente.

Quanto mais saudável se encontra a pessoa, mais *criativamente* ela se ajusta ao meio, mais autossuporte ela tem à sua disposição. Nos ajustamentos criativos, existe uma transição sempre renovada entre a novidade e a rotina que resulta em assimilação e crescimento. O grande conflito da pessoa consiste em conciliar o que ela acredita que deveria ser e como se percebe sendo. Para tal, é preciso investigar quem ela é, o que deseja para sua vida, suas possibilidades e o melhor que pode ser feito naquele momento ou em um tempo futuro. O cliente precisa deixar de lado o que deveria ser e encarar quem está sendo, mesmo que esteja em um local desagradável aos próprios olhos.

A psicoterapia tem esse caráter libertador. A liberdade consiste em propiciar ao outro a possibilidade de olhar para si mesmo, experimentar novas formas de ser, para não ficar restrito a uma única forma de existir e, pior, permanecer em um modo de vida determinado pelo outro. Por isso, não é simples alcançar o autossuporte, pois em geral o ambiente na família e na sociedade leva a pessoa a fazer o contrário.

Segundo Perls (1977a, p. 50), "o objetivo da terapia é fazer com que o paciente não dependa dos outros e descubra desde o primeiro momento que ele pode fazer muito mais do que ele acha que pode", ou seja, acreditar nele mesmo, no que ele percebe, gosta, concorda, e no que de fato acredita. Enfim, usar seu potencial e arriscar ser amado como a pessoa que ele realmente é.

Conforme Perls (1977a, p. 52-3),

> [...] todo indivíduo, toda planta, todo animal tem apenas um objetivo inato – realizar-se naquilo que é. Uma rosa é uma rosa. Uma rosa não pretende ser como canguru. [...] Na natureza, com exceção do ser humano, a constituição, a sanidade, o crescimento, o potencial, são todos alguma coisa unificada.

Uma pessoa é ela mesma e não outra, e precisa distinguir o que é seu do que é do outro, o que é autossuporte e o que é heterossuporte. Nessa distinção, a pessoa autorrealiza-se. Perls (1977b) afirma que o cliente que se autorrealiza espera o possível e o cliente que quer realizar um conceito tenta o impossível.

Se a pessoa estiver centrada em si mesma e integrada, ela naturalmente será um todo unificado, ou seja, seus sentimentos, pensamentos e ações formarão uma unidade em contato com o outro. Ela não mais se ajustará de maneira automática ou aparente, mas se tornará cônscia do que acontece com ela e entre ela e o ambiente, apropriando-se de sua vida.

O paradoxo consiste em "para mudar, eu preciso ser", visto que a mudança é uma aproximação de si mesmo. Para Beisser (1977, p. 110), que formulou a teoria paradoxal da mudança,

> [...] a mudança ocorre quando uma pessoa se torna o que é, não quando tenta converter-se no que não é. A mudança não ocorre através de uma tentativa coerciva por parte do indivíduo ou de outra pessoa para mudá-lo, mas acontece se dedicarmos tempo e esforço a ser o que somos. [...] Ao rejeitarmos o papel de agente de mudança, tornamos possível a mudança significativa e ordenada.

Yontef (1998, p. 138) relaciona a teoria paradoxal da mudança ao desenvolvimento do autossuporte, pois ter autossuporte é aceitar-se como se é: "Quanto mais você tenta ser quem não é, mais permanece o mesmo. Crescimento, incluindo a assimilação da ajuda e do amor dos outros, requer autossuporte. Tentar ser quem não se é não é autossuporte".

O autossuporte deve incluir tanto o autoconhecimento quanto a autoaceitação. Não existe a possibilidade de ter suporte adequado sem se conhecer, sem conhecer sua experiência, assumir seu comportamento, suas necessidades, suas capacidades e incapacidades, enfim, quem aquela pessoa está sendo naquele momento. No entanto, nem sempre esse contato é possível sem a ajuda do terapeuta; o que não significa que o cliente também não seja ativo nessas descobertas. Por isso, terapeuta e cliente, juntos, por intermédio de uma investigação fenomenológica, ampliam a *awareness* do que se revela no encontro de ambos. A noção da importância da dupla – terapeuta e cliente – no processo psicoterapêutico é fundamental para o cliente compreender que, a despeito da ajuda do terapeuta, sem ele nada seria possível.

Yontef (1980, p. 139) também alerta que se o terapeuta realiza a tarefa pelo cliente ele não promove autossuporte, mas dependência, pois transmite nas entrelinhas a mensagem: "Você não é suficiente como você é". Sair do heterossuporte para o autossuporte envolve risco, pois o conhecido é abandonado rumo ao desconhecido. É papel do terapeuta caminhar com o cliente nessa direção, pois o diferente, quando experimentado na companhia do terapeuta, é mais fácil de vivenciar.

É preciso lembrar que existe o limite do cliente no processo psicoterapêutico e este precisa ser respeitado. Se o cliente precisa de ajuda, o terapeuta deve fornecer-lhe o suporte necessário, ou seja, deve, assim que possível, facilitar-lhe descobrir maneiras de buscar a satisfação de suas necessidades e a ampliação de suas possibilidades, enriquecendo, assim, seu suporte. Enfim, o terapeuta não deve fazer a tarefa pelo cliente, mas facilitar a recuperação de partes que pareciam não existir ou mesmo auxiliar na aquisição do que ainda não existe. Ribeiro (2006, p. 149) alerta que, muitas vezes, o cliente quer algo, mas não acredita que pode consegui-lo, o que revela um paradoxo:

> O paradoxo nos remete a lugares muito negados, porque muito desejados, mas sentidos como impossíveis. Trabalhar paradoxalmente é colocar o cliente diante de suas possibilidades reais para, ao vivenciar suas contradições internas, descobrir que o risco é o cotidiano da existência, e que a palavra "fácil" não pertence ao vocabulário dos adultos, e sim ao das crianças.

Nessa situação, o heterossuporte é imprescindível. Aos poucos, quando o cliente vai se descobrindo, percebendo suas necessidades e alcançando-as, recupera a autoestima e passa a tomar suas próprias decisões de maneira mais consciente e confiante. Muitas vezes, o cliente chega à terapia não para encontrar ou decidir algo, mas para compartilhar o que encontrou ou decidiu. O terapeuta pode, então, compreender que ele *cresceu*, que adquiriu o autossuporte para ser ele mesmo na relação com o outro. De acordo com Perls (1988, p. 75), o autossuporte aumenta a autoestima e vice-versa, estando um dos objetivos do processo terapêutico relacionado ao desenvolvimento de tais recursos:

> O objetivo da terapia, então, deve ser lhe dar [ao cliente] meios para que possa resolver seus problemas atuais e qualquer outro problema que surja amanhã ou no próximo ano. Este instrumento é a autoestima e ele a adquire lidando consigo e seus problemas, com todos os recursos de que dispõe no momento.

Há uma fase da terapia em que o cliente se liberta das exigências externas, volta-se para si mesmo e torna sua vida mais verdadeira, desmascarando sua representação de falsos papéis. Nessa fase, sua autoestima está presente e o *alimenta* não para temer o que ele se tornou, mas para arriscar-se no novo, para abandonar o velho conhecido que já não o satisfaz. A pessoa recupera, então, sua espontaneidade, ou seja, seu "processo de descobrir e inventar à medida que prosseguimos, engajados e aceitando o que vem" (Perls, Hefferline e Goodman, 1997, p. 182). Ela passa a *correr* atrás do que acredita, mobiliza seus próprios recursos, tem coragem de buscar *fora*, caso necessário, sem sentir-se diminuída. É *no* e *com o* autossuporte que a pessoa pode dar os primeiros passos em direção à sua realização pessoal, pois além de sua autoestima estar aumentada ela se sente realizada.

Por fim, é preciso tomar cuidado para não compreender a maturação, o autossuporte, como autossuficiência. Ninguém é autossuficiente, já que a pessoa vive em um campo circundante que a torna um ser relacional. Perls (1988, p. 117) adverte: "A pessoa saudável não desconsidera as necessidades dos outros nem permite que as suas sejam desconsideradas. Nem fica ressentida com a afirmação que o companheiro faz de seus próprios direitos". De acordo com Fernandes (2005, p. 150), "na singularização ele [o indivíduo] não se particulariza, muito mais, ele se universaliza, pois torna-se uno com tudo, uno no uno. E isto significa: estar em casa em toda a parte".

Como já vimos, ser alguém no mundo não é simples. Ninguém é o mesmo de tempos atrás nem será o mesmo daqui a alguns anos. O auto e o heterossuporte também se diferenciam ao longo da vida.

Logo ao nascer, o bebê necessita quase integralmente e, sobretudo, do heterossuporte de sua mãe. Quando criança, busca independência e autonomia, mas nem sempre isso é possível. A criança começa a ser tolhida em seus sentimentos, pensamentos e ações quando os pais passam a mensagem de que sabem mais que o filho, de que é preciso seguir o que eles acreditam e sonharam para a vida dele. Nessa fase, começa o afastamento de si mesmo.

Na adolescência, o discurso passa a ser: "Confio na educação que dei a você". Trata-se de uma mensagem vaga, pois ela tem implícitos outros sentidos, como não ser influenciado pelo amigo A ou B, que têm atitudes diferentes daquelas em que os pais acreditam. Já na idade adulta, a pessoa está tão distanciada dela mesma que, muitas vezes, não sabe mais o que quer, quem é, pois está *adoecida*.

São estes os clientes que o terapeuta pode receber e acompanhar, tornando-se facilitador: pessoas influenciadas pela sociedade, escravizadas pelas regras sociais, pelas exigências pessoais, escravas das paixões, do trabalho, de certos hábitos que não conseguiram abandonar e/ou superar. No entanto, o mundo não está acabado para essas pessoas; ao contrário, o medo de sair do lugar deve ceder ao desejo de liberdade e conquista.

A pessoa precisa recuperar sua dignidade, sua autonomia, sua liberdade, sua ousadia, seu direito de expressão e de escuta, sua responsabilidade perante a própria vida. Ela deve voltar a fazer escolhas, a ampliar seu horizonte, a ser ela mesma, a aprender a não repetir os mesmos erros, a ter coragem de revelar e seguir seus projetos, de delinear um novo sentido para sua vida.

Cabe ao terapeuta ajudar o cliente a descobrir quem ele é, o que deseja e como quer buscar tal objetivo; enfim, precisa ajudá-lo a integrar suas várias dimensões. No entanto, é importante que, ao auxiliá-lo em sua caminhada, o terapeuta não seja mais uma pessoa que exige, impõe, não o leva em direção ao que ele deseja. O terapeuta deve dispor, como heterossuporte, do tempo necessário e, cautelosamente, ter a sabedoria de auxiliar o cliente a encontrar seu autossuporte, sua autorrealização, seu amadurecimento e sua integração.

Perls (1988, p. 40) assevera: "O homem que pode viver em contato íntimo com sua sociedade, sem ser tragado por ela nem dela completamente afastado, é um homem bem integrado". É tarefa do terapeuta manter uma distância ideal de seu cliente para ajudá-lo e nunca sufocá-lo com seus preconceitos e julgamentos. O terapeuta precisa de sua visão de mundo e de pessoa para manter-se orientado, para saber em que direção olhar, mas nunca pode impor um padrão de vida ao seu cliente (Perls, Hefferline e Goodman, 1997).

O terapeuta deve, portanto, insistir em que o cliente seja ele mesmo, para que ele possa vir a ser um parceiro ativo no trabalho psicoterapêutico. Como dizem Perls, Hefferline e Goodman (1997, p. 251), "quem completa a obra de arte é quem está olhando a arte". No encontro terapêutico, existem duas pessoas olhando ativamente para o mesmo fenômeno; no entanto, a obra é do cliente e ele precisa completá-la. Assim,

> [...] quando o conflito grassou até o fim e chegou a uma solução criativa com a mudança e a assimilação dos fatores beligerantes, há um alívio do sofrimento e o excitamento completado do novo todo criado. [...] O sentimento principal é a animação das novas possibilidades, porque há uma nova configuração. (Perls, Hefferline e Goodman, 1977, p. 168-9)

Quando o cliente alcança um nível de autossuporte que o faz continuar enfrentando a vida, ele demonstra ter recuperado poderes perdidos ou inibidos ao longo do caminho, ter encontrado soluções diferentes das costumeiras, o que o deixa mais livre para ser ele mesmo em um mundo em que não é fácil se impor.

REFERÊNCIAS BIBLIOGRÁFICAS

Beisser, A. "A teoria paradoxal da mudança". In: Fagan, J.; Shepherd, I. L. (orgs.). *Gestalt-terapia: teoria, técnicas e aplicações*. Rio de Janeiro: Zahar, 1977, p. 110-4.

Fernandes, M. A. “Mas nós, quando é que existimos? Uma meditação fenomenológica acerca da existência”. *Anais do XI Encontro Goiano da Abordagem Gestáltica*, v. 1, 2005, p. 145-60.

Houaiss, A. *Dicionário Houaiss da língua portuguesa*. Rio de Janeiro: Objetiva, 2001.

Miller, A. *O drama da criança bem-dotada: como os pais podem formar e deformar a vida emocional dos filhos*. São Paulo: Summus, 1986.

Perls, F. *Gestalt-terapia explicada*. São Paulo: Summus, 1977a.

______. “Gestalt-terapia e potencialidades humanas”. In: Stevens, J. O. *Isto é Gestalt*. São Paulo: Summus, 1977b, p. 19-27.

______. “Quatro palestras”. In: Fagan, J.; Shepherd, I. L. (orgs.). *Gestalt-terapia: teoria, técnicas e aplicações*. Rio de Janeiro: Zahar, 1977c, p. 27-60.

______. *A abordagem gestáltica e testemunha ocular da terapia*. Rio de Janeiro: Guanabara Koogan, 1988.

Perls, F.; Hefferline, R.; Goodman, P. *Gestalt-terapia*. São Paulo: Summus, 1997.

Ribeiro, J. *Vade-mécum de Gestalt-terapia: conceitos básicos*. São Paulo: Summus, 2006.

Yontef, G. M. *Processo, diálogo e awareness: ensaios em Gestalt-terapia*. São Paulo: Summus, 1998.

9
Indiferença criativa: uma possibilidade pragmática do método fenomenológico

ALEXANDRA CLEOPATRE TSALLIS

> "O real não está nem na saída nem na chegada. Ele se dispõe para gente é na travessia."
> (Rosa, 1994, p. 53)

Há muitos anos me contaram uma pequena parábola oriental que até hoje guardo na lembrança. Agora não tenho como precisar sua referência exata. Minha memória parece ter guardado apenas o sentido da história e nada mais. Temo inclusive que, por seu caráter oral, eu vá mesmo é aumentar um ponto ao conto. Nesse sentido, cabe alertar que a história que se segue tem partes inventadas.

Certa vez, diante de uma interminável discussão sobre como chegar ao verdadeiro caminho espiritual, os discípulos foram consultar seu mestre. Ele estava fazendo o que os verdadeiros mestres fazem: cuidando das pequenas tarefas da vida, sem se ocupar com outra coisa senão com aquilo que fazia. Naquele momento (esta parte é deliberadamente inventada), ele estava colocando água para fazer um chá. Seus movimentos eram calmos, porém extremamente precisos. Imprimia a exata força para que entre ele e o mundo houvesse harmonia: pegava a chaleira sem que pensasse ou deliberasse em sua mente para fazê-lo. Simplesmente segurava a chaleira e procedia ao que era necessário: colocar água. O fogo já estava aceso, sua chama era azul com nuanças de um amarelo-ouro em mistura de laranja. Lá estava o mestre "entre-laçado" à chaleira, ao fogo e à água quando entraram seus três discípulos com ares de interrogação. É importante dizer que, com a entrada dos discípulos, o mestre não desfez seus laços com a chaleira, o fogo e a água; ele apenas convidou os discípulos e a si mesmo para uma nova composição.

Agora estavam "entre-laçados" chaleira, fogo, água, discípulos, interrogações e mestre. Não havia o constrangimento da interrupção, apenas a tranquilidade da continuidade. Eis que o primeiro discípulo inspira a interrogação e pergunta: "Mestre, não é verdade que é pelo esforço que seguimos a vida espiritual?" O mestre ouve que a água e a chaleira iniciam seu trabalho. Clic, clic, clic – a água estava em pequenas bolhinhas a fazer cócegas na chaleira; já o fogo, alheio às duas (chaleira e água), fazia seu trabalho. O mestre apreciava com gosto as miudezas desse início de conversa entre a chaleira e a água. Ele sempre pensava que a água fazia bem seu trabalho de sacudir a chaleira, por outro lado a chaleira era primorosa em manter-se em seu firme propósito de deixar que água brincasse livremente em seu interior. Diante desse ensinamento, o mestre estava pronto para responder ao discípulo: "Tens razão". Nesse instante, o primeiro discípulo expira a interrogação, enquanto sorri. Porém, é da natureza das interrogações criar perguntas; foi assim que ela logo se insinuou ao segundo discípulo que, inspirando, disse: "Mas, mestre, não é por meio do desapego, do deixar acontecer, que seguimos o caminho espiritual?" Cloc, cloc, cloc – a água já estava francamente a borbulhar, enquanto a chaleira dava pequenos solavancos sobre o fogo. Os movimentos da chaleira faziam que o fogo, por sua vez, já sentisse os efeitos de seu trabalho. Naquele momento, chaleira, água e fogo estavam "entre-laçados" inexoravelmente à proposição do mestre de fazer chá. Diante de mais esse ensinamento, o mestre olha para a interrogação de seu discípulo e dá sua resposta: "Tens razão". O segundo discípulo expira a interrogação, mas não em sorrisos. Afinal, a conversa estava ficando quente e a interrogação já era enorme, quando, por sobressalto, inspira o terceiro discípulo: "Mas, mestre, não é possível que os dois tenham razão! Eles propõem coisas opostas!" Tendo feito seu trabalho, o fogo agora precisava ser apagado. Já a chaleira e a água estavam prontas para receber um novo elemento e perfumar-se em sabor capim-limão. Tudo corria bem, o mestre estava apreendendo mais esse ensinamento, e respondeu sorrindo definitivamente para a interrogação: "Tu também tens razão". Diante disso, a interrogação entendeu que era hora de apagar-se para dar lugar ao perfume das invenções.

Durante a escrita deste texto, a interrogação sobre onde poderia estar a parábola original não me deixou e acabei descobrindo sua procedência: ela está descrita no livro *Um caminho com o coração*, de Jack Kornfield (1993). Quando a encontrei, já terminara de escrevê-la segundo minha memória, mas, em vez de substituí-la, optei por manter a versão inventada, sem contudo ocultar a versão original, que transcrevo a seguir. Ao tomar essa decisão, eu não havia percebido quanto as proposições acerca da indiferença criativa, tema que vinha estudando para preparar este texto, já estavam em mim como uma possibilidade metodológica – na qual as diferenciações podem habitar um mundo comum. Antes de seguir com mais essa história, compartilho a versão original da parábola:

> Dois discípulos de um mestre discutiam sobre o modo correto de vivenciar a prática. Como não conseguiram resolver o conflito, foram ao mestre, que estava sentado entre um grupo de outros discípulos. Cada um dos dois apresentou o seu ponto de vista. O primeiro falou sobre o caminho do esforço.
>
> — Mestre — disse ele —, não é verdade que precisamos fazer muito esforço para abandonar nossos velhos hábitos e modos inconscientes de ser? Precisamos fazer um grande esforço para falar com honestidade, para estarmos atentos e presentes. A vida espiritual não acontece por acaso, mas apenas quando a ela dedicamos um esforço de todo coração.
>
> O mestre respondeu:
>
> — Tens razão.
>
> O segundo discípulo perturbou-se e disse:
>
> — Mas, mestre, então o verdadeiro caminho espiritual não é o do desapego, da entrega, de deixar que o TAO, o divino, se mostre por si mesmo? Acho que não é através do esforço que progredimos, pois nosso esforço está baseado nos nossos apegos e no nosso ego. A essência do verdadeiro caminho espiritual é viver. Segundo a frase: "Não se faça a minha vontade, mas a vossa". Não é esse o caminho?
>
> E mais uma vez o mestre respondeu:
>
> — Tens razão.
>
> Um terceiro discípulo, ouvindo a conversa, interveio:

— Mas, mestre, não é possível que ambos tenham razão.

O mestre sorriu e lhe respondeu:

— Também tu tens razão. (Kornfield, 1993, p. 41)

Ao ler as duas versões, percebo que elas partilham alguns aspectos, enquanto diferem substancialmente em outros. Para que apresentá-las no mesmo texto? O que é possível apreender com o processo de acompanhar suas semelhanças e suas diferenças? A primeira pergunta questiona a finalidade de vê-las lado a lado, enquanto a segunda interroga o que se apresenta quando vemos versões. Em poucas palavras, ouso responder: ao vê-las em conjunto, é possível perceber o que nelas se assemelha - permitindo-nos entender que partilham de uma mesma raiz - sem perder de vista o que nelas varia - permitindo-nos acompanhar seus distintos modos de propor uma reflexão. Vê-las como conjunto nos faz apreender que é possível pensar em um estado germinal de onde ambas partem, ainda sem ter definido sua exata trajetória. Esse estado de pré-diferenciação exige um contínuo cultivo, requer que metodologicamente optemos por permanecer na travessia, ou, parafraseando Guimarães Rosa (1994), no real.

Em uma versão o mundo se apresenta ao mestre enquanto este apreende dele as respostas precisas para seus discípulos. Na outra, o mundo se apresenta na eloquência argumentativa dos discípulos explicitando com riqueza de detalhes o que haviam entendido. Colocando essas versões lado a lado, poderíamos perguntar: de que forma devemos apreender o mundo? Em sua simplicidade? Em sua complexidade? O mestre responderia que temos razão, ele pode ser apreendido tanto na simplicidade quanto na complexidade. O que de fato importa para o presente capítulo é que a opção de tratá-las em conjunto nos faz interrogar mais ainda quando as respostas são as mesmas. Ter sempre a mesma resposta equivale a não ter resposta nenhuma – estamos, portanto, no vazio estéril. Porém, o vazio que nos permite fabricar mais e mais perguntas é no mínimo um vazio fértil. Para que as versões possam ser contempladas como um todo foi preciso estabelecer um terceiro ponto – um ponto a partir do qual seja possível vê-las florescer em suas diferenças sem perder suas raízes comuns. Entendê-las como versões que nascem de um mesmo lugar, mas constituem travessias distintas é o convite feito pelo filósofo expressionista alemão Salomon Friedlaender ao propor o conceito de indiferença criativa.

A história do conceito de indiferença criativa – ponto do qual podemos acompanhar o processo de diferenciação dos fenômenos em polaridades opostas – é considerada por Perls (2002, p. 45-6) central em suas formulações:

> [...] Friedlaender apresenta a teoria de que todo evento está relacionado a um ponto zero, a partir do qual ocorre uma diferenciação em opostos. Esses *opostos* apresentam, em seu *contexto específico*, uma grande afinidade entre si. Permanecendo atentos no centro, podemos adquirir uma habilidade criativa para ver ambos os lados de uma ocorrência e completar uma metade incompleta. Evitando uma perspectiva unilateral, obtemos uma compreensão muito mais profunda da estrutura e da função do organismo.

Embora esse conceito seja muito mencionado como parte das bases conceituais da Gestalt-terapia, ele é descrito de maneira sucinta nos textos da área. Porém, creio que o conceito de indiferença criativa é descrito de forma simples e direta, pois seu mistério não está na proposição que faz, e sim em como, efetivamente, cultivá-lo no processo terapêutico.

Em linhas gerais, o conceito de indiferença criativa propõe que diante da polaridade dos fenômenos se estabeleça um terceiro ponto – ponto zero – de onde seja possível observar o germe da diferenciação em seu momento seminal (Loffredo, 1994; D'Acri, Lima e Orgler, 2007). Trata-se de construir um lugar de onde seja possível vislumbrar as múltiplas versões de um mesmo fenômeno. Em decorrência disso, Perls (2002) fala da possibilidade de trabalhar com o pensamento diferencial, modo esse que renuncia à linearidade de uma reflexão por causa e efeito e opta por pensar por opostos. A aposta feita pela proposição do pensamento diferencial não está em permanecer nas polaridades, nem mesmo em descobrir os contrários, mas em criar uma experiência concreta do lugar em que elas possam habitar um espaço reflexivo comum.

Nesse sentido, é possível afirmar que o conceito de indiferença criativa propõe justamente a guinada metodológica apresentada pela fenomenologia, o que resulta na concepção da inseparabilidade entre homem e mundo. A consciência está para o mundo assim como o mundo está para a consciência; para a fenomenologia não existe consciência que não seja consciência de algo. Assentado sobre essa premissa, o convite da indiferença criativa é para que fabriquemos continuamente versões que sejam capazes de multiplicar o vivido ao invés de reduzi-lo. Essa multiplicação tem como efeito a impossibilidade de fixar a experiência, conferindo a cada fechamento o germe da abertura. A imagem do símbolo oriental do *yin-yang* é um bom exemplo dessa dinâmica:

no interior do preto germina o branco, enquanto no interior do branco germina o preto. Essa potência que faz germinar uma polaridade no centro da outra pode ser considerada uma imagem da indiferença criativa. Portanto, o ponto zero é uma proposição que nasce da reflexão (Perls, 1979). Ele não está dado de antemão: surge da recusa em tomar uma polaridade como o todo, lançando o desafio de construir uma posição de onde seja possível fazer germinar aquele fenômeno em outra polaridade – trata-se de experimentar o vazio fértil.

> Como observa Petzold, o conceito de vazio fértil utilizado por Perls, um vazio prenhe de criatividade, vem diretamente de Friedlaender. "Meu primeiro encontro filosófico com o nada foi o nada em forma de zero. Descobri-o sob o nome de indiferença criativa, através de Salomon Friedlaender." O conceito de nada deve ser bem compreendido: na terapia trata-se de facilitar ao indivíduo transformar o vazio estéril – experienciado como nada – em vazio fértil experienciado como algo que emerge. (Loffredo, 1994, p. 47)

Em síntese, cada fechamento carrega a abertura para empreender uma nova travessia rumo a outra polaridade. Esse ato contínuo nos permite ir além das dicotomias, escapar da cilada de estarmos capturados por uma polaridade sem perder a riqueza de versões que podem surgir pelo encontro das bipolaridades em processo: "[...] qualquer coisa se diferencia em opostos. Se somos capturados por uma dessas forças opostas, estamos em uma cilada ou, pelo menos, desequilibrados. Se ficarmos no nada do centro zero, estamos equilibrados e temos perspectiva" (Perls, 1979, p. 96).

Vale lembrar que quando estamos de pé, em equilíbrio, nosso corpo está fazendo micromovimentos para ajustar forças em desequilíbrio. Nesse sentido, podemos pensar no equilíbrio que germina no desequilíbrio. Por esse viés, é possível dizer que o cultivo da indiferença criativa no processo terapêutico se dá pelo método fenomenológico.

Retomando essa proposição metodológica como a travessia de Guimarães Rosa: o desenrolar de um processo, que não se esgota em um ponto de chegada nem em um ponto de partida. Estamos impregnados pela continuidade, plena de mistério, já que ela só se dá no devir, no porvir. Sem dúvida, estar em travessia não é tarefa fácil: a possibilidade metodológica de habitar o lugar da indiferença criativa nos faz partilhar com os pastores, descritos por Heidegger (1994), da serenidade diante da situação de corresponder ao mundo. Uma serenidade que combate um pensamento que calcula enquanto cultiva um pensamento que medita, considerando o meditar a entrega do ser aquilo que já é – abertura ao mistério.

Vale lembrar que o método fenomenológico, em sua relação com a prática clínica, é fazer da travessia uma opção cotidiana. Para isso é preciso contemplar tanto o "método fenomenológico" quanto a "prática clínica" em sua multiplicidade, haja vista a impossibilidade de considerá-las no singular. Dessa forma, não se trata de defender o que vem a ser de fato a fenomenologia, mas de pensá-la antes de tudo como método. Isso acarreta considerá-la um meio, cuja decorrência básica é que ela não tem nada a dizer previamente sobre o mundo; trata-se antes de tudo de uma forma de deixar que o fenômeno se mostre ele mesmo.

O movimento contemporâneo da pragmática fenomenológica proposto por Depraz, Varela e Vermesch (2003) fala da possibilidade de considerar a redução fenomenológica – *epoché* – uma ação efetiva. Os autores propõem olhar para as práticas de meditação oriental como processos que materializam a *epoché* tal como apresentada por Husserl. Nessa direção, trabalham com a ideia de acolher o fenômeno em suas semelhanças ao mesmo tempo que o acompanhamos em suas variações. Muito embora não discutam o conceito de indiferença criativa, é absolutamente claro, seguindo pela trilha deixada pelas palavras do próprio Perls (1979, p. 96), que estamos tratando do mesmo campo prático: "Mais tarde percebi que este [conceito de indiferença criativa] é o equivalente ocidental do ensinamento de Lao-tsé".

Já de início notamos que a proposta fenomenológica tem profundas implicações tanto no que concerne à apreensão cognitiva do mundo (Kastrup, 2007) quanto no que se refere à prática clínica (Tsallis, 2009). Utilizar o método fenomenológico – suspender o juízo *a priori* – significa fazer a aposta de debruçar-se ininterruptamente sobre o fenômeno tal qual ele se apresenta. Essa atitude pode ser mantida infinitamente, o que significa tomar o fenômeno em sua dinâmica e não como uma realidade estática. Afinal, como ensina Merleau-Ponty (1999, p. 10), "O maior ensinamento da redução é a impossibilidade de uma redução completa".

Segundo Depraz (2007), um importante conceito para que Husserl conceba a fenomenologia é o da intencionalidade da consciência, proposto por Brentano em sua psicologia do ato. "A palavra intencionalidade nada significa senão essa particularidade fundamental e geral que a consciência tem de ser consciência de alguma coisa, de portar em sua qualidade de cogito, seu *cogitatum* nela mesma" (Husserl *apud* Depraz, 2007, p. 35). Portanto, a consciência é sempre consciência de alguma coisa, como já vimos. Nesse sentido, não é possível falar em uma consciência pura; ao contrário, trata-se de uma consciência lançada ao mundo, ao mesmo tempo que permanece na carne.

Com isso, *a epoché* se constitui como um método descritivo rigoroso que visa abordar as vivências, superando assim as dicotomias/polaridades. Trata-se objetivamente de uma ação concreta em direção ao ponto zero, à inventividade do vazio fértil que emerge da vivência. Vale destacar o modo pelo qual se define a palavra "vivência". Segundo Depraz (2007, p. 27), é possível dizer que o projeto fenomenológico proposto por Husserl se erige sobre essa concepção.

> Nem conteúdos, nem estados, nem atos da consciência, as vivências de um sujeito formam a textura imanente de sua consciência, pela qual é capaz de se apropriar dos objetos do mundo, percebendo-os a princípio em sua qualidade sensorial, material e sensível.

Para chegar à descrição das vivências, Husserl decalca seu método com base na redução (*epoché*), na qual o primeiro passo é que a consciência faça uma conversão reflexiva – que se volte sobre si mesma –, não se encerrando de maneira conclusiva (como no cogito cartesiano), mas na forma de uma espiral, uma mola que pulsa entre o que se percebe (*noese*) e o percebido (*noema*), embora, no caso da proposta fenomenológica, essa própria dualidade se revele em sua volatilidade, já que o "voltar às coisas mesmas" proposto por Husserl não significa assumir uma posição realista. A palavra alemã por ele utilizada foi "*sache*" e não "*dinge*", ambas podem se referir à coisa, contudo, "*sache*" designa coisa no sentido de questão, problema, enquanto "*dinge*" se refere à coisa no sentido material. Isso permite tomar a proposição husserliana como "voltar às questões mesmas."

Dessa forma, na conversão reflexiva, a consciência retorna à questão, o que permite escapar simultaneamente tanto do subjetivismo absoluto quanto do objetivismo contingencial. "É o paradoxo segundo o qual eu posso voltar deliberadamente minha atenção para o interior, não para ir buscar alguma coisa, mas para acolher o que pode se manifestar, ou o que sou capaz de deixar-se manifestar" (Depraz, Varela e Vermesch, 2003, p. 83).

É nesses termos que se parte para a variação eidética, para a qual não importa apreender de cada vivência factual, mas descrever "essências de vivências que permanecem singulares e concretas sem, entretanto, ser particulares" (Depraz, 2007, p. 37). Portanto, almeja-se ultrapassar as polaridades para atingir a singularidade presente na "multiplicidade concreta dos encontros contingentes" (*idem*). Nesses termos, a variação eidética não pretende uma indução capaz de generalizar o fenômeno dado, que, ao contrário, deve permanecer singular.

Por fim, é possível falar da *epoché* como um gesto suspensivo que germina tanto na conversão reflexiva quanto na variação eidética. Trata-se de suspender os juízos, de colocá-los entre parênteses a fim de permitir que se retorne às coisas abrindo a possibilidade para uma nova doação de sentido, para corresponder ininterruptamente. Na concepção merleau-pontiana, operando uma dialética sem síntese, uma vez que ela assegura o movimento, o permanecer em movimento.

Assim, entendendo o colocar entre parênteses como um ato suspensivo central e passível de ser mantido ininterruptamente, perguntamo-nos como isso se opera do ponto de vista da psicologia em ação. Ou, nos termos da metáfora inicial, como entender esse movimento na travessia da reflexão psicoterápica? "O ato refletinte parte de um relação 'silenciosa' ou no 'vazio' no que se refere à experiência. É mais da ordem do acolhimento, da escuta, da impregnação, da contemplação, que da busca predeterminada" (Depraz, Varela e Vermesch, 2003, p. 83).

Nesse sentido, o impacto do método fenomenológico na prática clínica altera de maneira fundamental a forma de conceber o ato refletinte, seja o do terapeuta, seja o do paciente. Do ponto de vista do terapeuta, trata-se de suspender/colocar entre parênteses uma visão prévia do que seja o psiquismo e voltar-se à contemplação, ao acompanhamento estrito do mundo vivido daquele que está à sua frente. Segundo Ellenberger (1967), busca-se descrever, explicitar os modos como aquela pessoa que está à sua frente vive; em outras palavras, de que forma expressa sua temporalidade, espacialidade, causalidade, materialidade e tudo que se fizer luz na vigência daquela relação. Talvez se possa dizer que a novidade desse processo é que o paciente pode tornar-se aquilo que já é, tal como proposto pela teoria paradoxal da mudança de Beisser (1971). "Entretanto, quando falamos em invenção, recorremos a sua etimologia latina – *invenire* –, que significa compor com restos arqueológicos. Inventar é garimpar o que restava escondido, oculto, mas que, ao serem removidas as camadas históricas que o encobriam, revela-se como já estando lá" (Kastrup, 2005, p. 1278).

Já do ponto de vista do paciente, suas histórias e questões passam a ser cenário para o ato refletinte. Abre-se uma fenda, estabelece-se um recuo diante do já sabido para ir em direção às novas possibilidades de doação de sentido. A reflexão faz vislumbrar outros horizontes de ser, o que significa encarnar um processo de escolha que emerge da vivência. "O mundo fenomenológico não é a explicitação de um ser prévio, mas a fundação do ser; a filosofia não é o reflexo de uma verdade prévia mas, assim como a arte, é a realização de uma verdade" (Merleau-Ponty, 1999, p. 19).

Para articular de modo real a proposta dessa travessia – indiferença criativa rumo ao método fenomenológico –, relato um acontecimento. A palavra "acontecimento" tem aqui o sentido proposto por Despret (1999): trata-se de uma situação a partir da qual o mundo já não pode ser visto como antes. A leitura pode ser entendida como um acontecimento, uma vez que, se se aprende a ler, já não é possível não ler (salvo alguma intercorrência atípica). Porém, não entendo que o acontecimento seja algo extraordinário; muito ao contrário, ele pode ser ordinário. O que permite que o tomemos como acontecimento é o cultivo cotidiano da aposta de multiplicar o vivido. Passemos à aposta, então: há alguns anos, eu estava caminhando, por volta do meio-dia, na Lagoa Rodrigo de Freitas, no Rio de Janeiro. Naquele dia em particular, resolvi andar pela calçada contígua aos edifícios em vez de ir na pista à beira d'água. Havia poucas pessoas por ali, mas dizem que a única vantagem do lobo na caçada é ser aquele que vê primeiro. Pois bem, eu vi primeiro! Passei por um rapaz e percebi que seria assaltada. Não saberia dizer o que me fez concluir isso, mas segui caminhando na certeza de que isso aconteceria. Dito e feito, alguns minutos depois, em uma curva um pouco mais deserta, ele me encurralou contra um muro de pedras: "Passa tudo, anda, passa logo tudo e não grita!" Seu tom de voz e seu gestual não deixavam dúvida de que eu estava sendo assaltada. Ele falou enquanto me mostrava o que seria uma arma escondida sob a camisa. Não me surpreendi, pois eu previra o assalto, mas havia algo ali que eu não vira: o próprio rapaz. Ele tinha olhos de menino, e isso me surpreendeu a ponto de me fazer dizer, em tom tranquilo: "Eu não vou gritar". Em um instante estava claro que não gritaria diante daquele rapaz-menino. Minha tranquilidade de quem viu primeiro, somada ao enunciado de que não gritaria, o fez perder o pé da situação. Eu, por minha vez, ao me dar conta disso, me permiti seguir andando. Ele e eu já não estávamos encurralados no assalto, abria-se um horizonte para novos sentidos. Ele andou ao meu lado ainda tentando restaurar o assalto: "Não adianta, passa tudo..." Contudo, sua convicção já não era a mesma. Perguntei: "Você não tem vontade de fazer outra coisa?" Caminhávamos, e pelo que parecia o assalto havia ficado passos atrás, lá no muro. "Tenho, mas é difícil sair. Não é assim fácil." Nossa caminhada adquiria um ritmo amigável, o que me fez confiar nessa prosa. "Tenho uma amiga que trabalha justamente com isso." Ele me contou sobre as dificuldades e eu insisti nas possibilidades. A essa altura, a conversa de fato tinha tomado novos rumos: eu lhe passei o endereço onde poderia receber ajuda, enquanto ele me contou sobre os desafios dessa decisão. Nesse momento, ele parou e disse: "Eu preciso voltar. Aqui já não é minha área". Tínhamos andado por meia hora, o muro de pedras já estava muitos passos atrás. Parei para que pudéssemos nos despedir. Enquanto apertávamos as mãos, mais uma vez vi os olhos do rapaz-menino e perguntei: "Como você se chama?" Ele respondeu: "Alexandre". Naquele instante residia um mundo. "Nossa, eu me chamo Alexandra, somos xarás!" Nossos olhos marejaram, naquele momento entendemos que nossa caminhada nos permitira habitar um mesmo mundo, um mundo comum. Soltamos as mãos, havia chegado o momento em que cada um de nós seguiria uma direção diferente, o acontecimento tinha feito seu trabalho. Quando demos os primeiros passos, um para cada lado, ele disse: "Olha, vai com cuidado, essa área é perigosa". Agradeci, sorri. Há menos de uma hora ele era o perigo, agora ele era a pessoa que me cuidava. Esse acontecimento me habita até os dias de hoje. Nele percebo que Alexandre e Alexandra partilharam do ponto zero, esse lugar onde a indiferença é criativa.

Diante disso, temos um encontro que vira arte – essa arte como expressão genuína, vivência última e primeira, única e principalmente intransferível, reservada ao mistério. A arte como experiência de estar no mundo, que anseia pelo "como" de cada um viver, onde a singularidade é cultivada em um vazio capaz de germinar.

REFERÊNCIAS BIBLIOGRÁFICAS

Beisser, A. "A teoria paradoxal da mudança". In: Fagan, J.; Shepherd, I. L. *Gestalt--terapia: teoria, técnicas e aplicações.* Rio de Janeiro: Zahar, 1971.

D'Acri, G.; Lima, P.; Orgler, S. *Dicionário de Gestalt-terapia – Gestaltês.* São Paulo: Summus, 2007.

Depraz, N. *Compreender Husserl.* Petrópolis: Vozes, 2007.

Depraz, N.; Varela, V.; Vermesch, P. *On becoming aware: a pragmatics of experiencing.* Amsterdã: John Benjamins, 2003.

Despret, V. *Ces emotions qui nous fabriquent.* Paris: Les empecheurs de penser en rond, 1999.

Ellenberger, H. F. "Introducción clínica a la fenomenología psiquiátrica y el análisis existencial". In: May, R.; Angel, E.; Ellenberger, H. F. (orgs.). *Existencia.* Madri: Gredos, 1967.

Heidegger, M. *Serenidad.* Barcelona: Ediciones del Serbal, 1994.

Kastrup, V. "Políticas cognitivas na formação do professor e o problema do devir-mestre.". *Educação e Sociedade*, v. 26, 2005, p. 1273-88. Disponível em: <http://www.scielo.br/pdf/es/v26n93/27279.pdf>.

______. *A invenção de si e do mundo – Uma introdução do tempo e do coletivo no estudo da cognição.* Belo Horizonte: Autêntica, 2007.

Kornfield, J. *Um caminho com o coração.* São Paulo: Cultrix, 1993.

Loffredo, A. M. *A cara e o rosto: ensaio sobre Gestalt-terapia.* São Paulo: Escuta, 1994.

Merleau-Ponty, M. *Fenomenologia da percepção.* São Paulo: Martins Fontes, 1999.

Perls, F. *Escarafunchando Fritz: dentro e fora da lata de lixo.* São Paulo: Summus, 1979.

______. *Ego, fome e agressão.* São Paulo: Summus, 2002.

Rosa, G. *Grande sertão veredas.* São Paulo: Nova Aguilar, 1994.

Tsallis, A. C. "Palhaços: uma possibilidade para a Gestalt-terapia". *Estudos e Pesquisas em Psicologia* (online), v. 9, 2009, p. 139-51. Disponível em: <http://www.revispsi.uerj.br/v9n1/artigos/html/v9n1a11.html>. Acesso em: 2 maio 2013.

10
Teoria paradoxal da mudança

MARCELO PINHEIRO

A teoria paradoxal da mudança foi desenvolvida por Arnold R. Beisser com o intuito de sistematizar a compreensão de como se dá o processo de mudança dentro da perspectiva da Gestalt-terapia, segundo a observação das ideias e da prática de Frederick Perls.

Beisser nasceu em 5 de outubro de 1925 e faleceu em 19 de julho de 1991. Era americano, psiquiatra e Gestalt-terapeuta. Foi aluno de Fritz Perls e professor de psiquiatria clínica na Universidade da Califórnia, em Los Angeles. Aos 25 anos ficou quase totalmente paralisado em função de um quadro de poliomielite. Sua principal obra foi o livro *Flying without wings: personal reflections on being disabled* (Doubrawa, 2002).

É provável que a história de vida de Arnold Beisser tenha colaborado para torná-lo sensível a sutilezas importantes sobre a noção de mudança que se fez presente na obra de Frederick Perls. Beisser lidou com limitações muito marcantes e difíceis de serem aceitas. As dificuldades oriundas de seu quadro de paralisia construíram um contexto extremamente coerente com o que ele pôde observar acerca dos processos de superação na experiência humana, dentro da perspectiva gestáltica.

Segundo afirmou nossa saudosa Sheila Orgler (2007, p. 214),

> escrita em 1970 por Arnold Beisser, e tendo aparecido pela primeira vez no livro de Fagan e Shepherd, *Gestalt-terapia: teoria, técnicas e aplicações* (1980), a 'teoria paradoxal da mudança' é uma das teorias mais frequentemente referenciadas na literatura da Gestalt-terapia.

No curto artigo supramencionado, Beisser faz proposições interessantes sobre aspectos fundamentais de como se dá o processo de mudança dentro da perspectiva gestáltica. Ele também alarga suas proposições para o âmbito da psicologia social, apontando questões que vêm se tornando mais atuais a cada dia. Enfatiza que naquele tempo já identificava que, "pela primeira vez na história da humanidade, o espaço de uma vida individual é maior que o tempo necessário para que grandes mudanças sociais e culturais pudessem acontecer" (Beisser, 1980, p. 112). Com base nessa observação, ele afirmava a importância de ter uma compreensão sofisticada sobre processos de transformação social e propunha sua teoria paradoxal da mudança como um caminho possível nesse sentido. Hoje, mais de 40 anos depois da publicação de seu artigo, vemos de forma muito marcante como suas colocações foram coerentes. Vivemos em um tempo no qual ficam cada vez mais evidentes as dificuldades que a humanidade enfrenta para lidar com a contínua aceleração nos processos de mudança social, o que torna muito importante ampliarmos nossa compreensão a esse respeito.

Qual é o sentido da afirmação de que "mudança ocorre quando uma pessoa busca ser o que é, não quando tenta converter-se no que não é", ideia central da teoria paradoxal da mudança? Como entender a proposição a seguir? "A mudança não ocorre através de uma tentativa coerciva por parte do indivíduo ou de outra pessoa para mudá-lo, mas acontece se dedicarmos tempo e esforço a ser o que somos – a estarmos plenamente investidos em nossas posições correntes" (Beisser, 1980, p. 110).

Nessa afirmação de fato existe um paradoxo. "Ser o que se é para que a transformação se dê." A princípio tal proposição parece contraditória. Contradição que só deixa de existir quando percebemos que vida implica transformação e permanência. O ser vivo atravessa o tempo. Para tanto, precisa manter de alguma forma sua identidade (ajustamentos conservativos) e ao mesmo tempo se ajustar criativamente às derivas de seu contexto, modificando-se e modificando o mundo a seu redor. De acordo com a psicologia da Gestalt (Frazão, 2013), o todo é diferente da soma das partes, e quando alguma parte se modifica o todo também o faz (a Gestalt se reconfigura).

A vida é um fenômeno de fronteira que se desenvolve por meio de relações. Para existir relações precisam haver diferenças, contrastes. No planeta Terra a vida acontece em uma fina camada de sua superfície. Ali se dão as maiores diferenças de potencial. Ocorre, entre outros fenômenos, a incidência da luz. Existe a substância chamada água que se apresenta em três fases diferentes: líquida, sólida e gasosa. É nessas condições, nas quais muitas diferenças convivem, que existe a possibilidade de vida.

Todo ser vivo é integrado a seu meio, isto é, só faz sentido dentro de seu contexto. Vida é relação; qualquer ser vivo que seja separado de seus campos relacionais mais básicos deixa de estar vivo. Ele só consegue se transformar para lidar com um grau limitado de mudanças em seu meio. Por exemplo, se separamos o peixe da água, ele não pode continuar seu processo vital. Se separamos o homem do oxigênio, ele não consegue continuar existindo como homem. Vida só pode acontecer onde existem diferenças de potencial; vida se constrói nas fronteiras onde encontramos condições de diversidade.

Se vida é relação e envolve um contexto relacional, logo temos uma delicada interação de troca que precisa ser mantida e se reconfigurar de acordo com as transformações que ocorram na interação do indivíduo com seu meio ambiente. Vida necessariamente envolve certo dinamismo. Podemos descrever esse fenômeno quando observamos indivíduos e também quando observamos as espécies. Elas passam pelo mesmo processo de manutenção e transformação. De certa maneira, a própria morte do indivíduo parece estar aliada à necessidade de transformação da espécie. A associação de nascimento, sexualidade e morte propicia permanência e transformação da espécie. A sexualidade permite a troca de material genético, e a morte determina o ciclo de permanência daquele ser específico, promovendo a substituição do antigo pelo novo. Um novo que guarda semelhanças em relação ao antigo, mas também traz outras possibilidades, permitindo à espécie ajustar-se criativamente às situações que lhe são apresentadas.

A mudança faz parte da dinâmica da vida e só não acontece se de alguma forma for bloqueada. O ser humano é esse ser autoconsciente que tem uma condição ímpar de influir de modo especialmente marcante na sabedoria ancestral de seu corpo. Somos capazes de contrariar nossas necessidades mais básicas em nome de nossa forma de ver o mundo. Um homem-bomba, quando se destrói em função de uma causa política, contraria a própria necessidade de sobrevivência, uma de nossas necessidades mais fundamentais.

O homem é um ser cultural, que cria cultura e se faz atravessado por ela. Nossos valores e crenças marcam de forma dramática a conduta humana. A cultura é uma espécie de genética de alta velocidade que traz ganhos magníficos à nossa espécie, porém nos dá uma imensa capacidade de alienação no que se refere à nossa sabedoria ancestral (orgânica). O desenvolvimento social, econômico e cultural transforma nossa maneira de lidar com o mundo em uma velocidade estonteante. O homem de hoje é muito diferente do homem de 20 anos atrás. O que a genética biológica leva centenas de gerações para modificar a cultura humana transforma em poucos anos. Isso traz uma possibilidade incrível de desenvolvimento, porém oferece também uma capacidade enorme de alienação de nossas bases orgânicas. Nossas crenças moldam nossa possibilidade de perceber o mundo e lidar com ele, para o bem e para o mal, para a saúde e para a doença.

O movimento de autopreservação é presente em cada ser vivo. A vida não é possível sem esse gesto. Para que exista autopreservação, o ser vivo precisa de manutenção e adaptação, permanência e transformação, princípios que nos são muito naturais. A teoria paradoxal da mudança enfatiza a ideia de que se permitirmos a vida se dá. Em outras palavras, se nós permitirmos, a transformação acontecerá natural e harmonicamente. Nossa capacidade de influenciar o movimento natural de nosso ser é o que nos permite intervir nesse processo e por vezes até impedi-lo.

A capacidade de dissociação nos permite interferir em nossa conexão com o mundo, atrapalhando o movimento natural de manutenção e transformação. Pensemos em alguém que por algum motivo acredita que os outros seres humanos o rejeitam. Alguém que experimente essa crença tenderá a enxergar rejeição mesmo quando ela não existe. Esse tipo de cristalização molda a relação desse indivíduo com seu meio, prejudicando suas possibilidades criativas. Dentro de uma perspectiva figura/fundo, podemos dizer que o processo de formação de figuras fica viciado: independentemente do contexto, o mesmo tipo de figura se forma.

Quanto mais eu sou o que sou, quanto mais me permito ser o que sou, mais me aproprio de minhas bases, de meu autossuporte. Maior se torna meu potencial de mudança, simplesmente porque a vida é mudança, a vida não pode ser anacrônica. Precisa ser sincrônica, manter algum nível de harmonia com seu contexto, manter sua conexão, sua possibilidade de relação. Para tanto, a vida precisa se construir em sua interação com seu meio. Pensemos em um cliente que na relação com seu terapeuta sente necessidade de se mostrar forte e por isso se coloca de forma indiferente. Quanto mais essa pessoa se apropria desse movimento e percebe sua forma de se posicionar, mais possibilidade de transformação se dá. Assim, é fundamental que essa pessoa aceite seu movimento, pois quando alguém não aceita o próprio movimento não consegue se perceber nem se permitir ser o que é. Não consegue se deixar acontecer.

Vale utilizar uma imagem de Perls (1979, p. 19) para ilustrar a discussão. Imaginemos que uma águia tenta ser um elefante: procura empurrar troncos com o bico, caminha pelo chão da floresta sem voar, tenta se impor aos obstáculos utilizando a força de um corpo que não possui. Ela certamente se faria frágil e desnutrida. Com esse movimento, estaria abrindo mão de todo o desenvolvimento milenar de sua espécie e perderia muito de seu poder interpretativo, de sua capacidade de atuar no mundo e de extrair nutrição dele. Quanto mais a águia se faz águia, mais ela tem condição de lidar com seu meio, mais ela consegue se apropriar de sua agilidade ao voar, de sua acuidade visual, de suas garras e bico afiados. Quanto mais ela se faz águia, mais vitalidade e força desenvolve, maior seu poder interpretativo, maiores suas possibilidades de lidar com as situações que surgem em seu mundo. O mesmo se daria com um elefante se ele tentasse ser uma águia: certamente seria um fracasso, pois se alienaria de seus recursos mais importantes e tentaria utilizar recursos que não possui.

Talvez esse discurso pareça limitador, conformista, incapaz de encarar a superação. Ledo engano. Não há nada de conformista nele, muito ao contrário. É um discurso que aposta na vida. Aposta em uma sabedoria milenar que necessariamente veio se aperfeiçoando ao longo da história de cada espécie, posto que sem a capacidade de mudança, de adequação às transformações do meio, nenhuma espécie se manteria existindo.

Quanto mais nos apropriamos de nossos limites, mais condições temos de lidar com nosso mundo. Quanto mais nos alienamos de nossos limites, menos capacidade temos de fazer frente ao nosso mundo. Pensemos num corredor de Fórmula 1. Quando esse piloto consegue ser mais rápido para superar uma curva? Quando passa de seus limites ou quando os conhece? Ora, se ele passa dos limites, pode nem sequer conseguir chegar ao outro lado da curva, e se chegar não chegará tão rapidamente quanto poderia ter sido se não tivesse ultrapassado suas possibilidades. Em contrapartida, quanto mais ele conhece seus limites, mais pode se aproximar deles sem ultrapassá-los. Em outras palavras, quanto mais ele se apropria de seus limites, mais condições tem de superar obstáculos.

Voltando a pensar nos seres vivos, em geral, quanto mais capacidade para superar obstáculos mais vitalidade, mais potência para se manter e também para se transformar – se isso for o que fizer mais sentido em determinado contexto. As transformações só fazem sentido caso se constituam no melhor caminho dentro de um campo experiencial específico. Quanto mais integrado um indivíduo está em sua relação com seu meio, mais naturalmente as transformações se dão. De modo geral, as transformações importantes não acontecem de maneira deliberada, de forma reflexiva. À medida que a pessoa amplia seu nível de integração, amplia a *awareness* e, como consequência, "é mais ela mesma", as mudanças acontecem espontaneamente, pois são um movimento natural da vida. No processo terapêutico esse tipo de mudança costuma ser percebido *a posteriori*. A pessoa simplesmente se dá conta de que está agindo de forma diferente, à medida que olha para trás e avalia suas atitudes, comparando posturas antigas com outras mais atuais.

IMPACTOS DA TEORIA PARADOXAL DA MUDANÇA NA POSTURA CLÍNICA DO GESTALT-TERAPEUTA

Essa forma de olhar o processo de mudança traz consequências marcantes para os objetivos do processo terapêutico e também no que se refere à postura do Gestalt-terapeuta.

> A metodologia predominante da Gestalt-terapia é centrada na teoria paradoxal da mudança, que significa estar em contato com o que é, com quem somos, permitindo que o crescimento se desenvolva naturalmente [...]
>
> O coração da Gestalt-terapia está na teoria paradoxal da mudança. Nessa abordagem, a resistência é reconhecida, aceita, identificada, entendida. Ela não é entendida como algo indesejável, mas é simplesmente entendida. O trabalho de *awareness* neste modelo integra os polos de impulsos e de resistência. A resistência não é rompida ou evitada. (Yontef, 1998 p. 124-5)

O Gestalt-terapeuta tem como objetivo principal facilitar que seu cliente amplie sua *awareness* e, consequentemente, sua integração com seu meio. O que vier a partir daí deve surgir de forma harmônica e coerente com as forças que compõem o campo organismo/meio. Isso demanda uma postura humilde por parte do terapeuta, uma atitude de quem não sabe qual é o melhor caminho a seguir, de quem se deixa surpreender de forma sempre curiosa com o que surgirá do encontro.

Que características são necessárias na postura do Gestalt-terapeuta para facilitar a ampliação da *awareness* e, em consequência, o nível de integração de seus clientes? Vários ingredientes podem ser listados para facilitar esse caminho. O primeiro deles tem relação com "necessidade de segurança". Quanto mais segura uma pessoa se sente, mais condição ela tem de ousar, de se permitir estar aberta para o novo. Não podemos esquecer o que nos diz Augras (1986, p. 8): "[...] a insegurança, todo psicólogo sabe disso, é mãe da rigidez". O que pode trazer segurança para uma relação terapêutica? O fato de o terapeuta apresentar qualidades como honestidade, respeito, cuidado, interesse, transparência e parceria certamente tem papel muito importante nesse sentido.

Um segundo fator fundamental para facilitar a ampliação da *awareness*, isto é, da integração, é que o terapeuta "facilite a aproximação do cliente de aspectos não integrados". Por exemplo, quando um Gestalt-terapeuta convida o cliente a prestar atenção no tom de sua voz, quando este está contando uma história, ele facilita que o cliente se aproprie de nuances que estão presentes no campo, mas ele pode ainda não ter conseguido integrar.

Um terceiro fator que não deixa de estar presente nos anteriores, mas necessita ser explicitado, é a "presença" do Gestalt-terapeuta. Podemos pensar nesse profissional como um guardião da relação com seu cliente. Para tanto, ele precisa estar atento a seu grau de envolvimento na relação estabelecida. Longe de ser excessivamente complacente com o cliente, ele deve evitar que a relação se torne árida, desinteressante para ele, pois nesse caso sua qualidade de presença vai diminuindo, seu interesse pelo cliente tende a ficar restrito e, com o tempo, pode ser difícil se manter adequadamente conectado na relação. O cliente vai sendo deixado sozinho, os pensamentos do terapeuta se distanciam da relação. Para que isso não aconteça, o terapeuta deve zelar pela relação, o que é diferente de cuidar apenas do cliente; passa por cuidar também de sua responsabilidade pela existência ou não de vitalidade naquele encontro. Se a relação com o cliente se torna desinteressante, isso é responsabilidade de ambos, terapeuta e cliente. O terapeuta tem como tarefa cuidar da qualidade dessa troca, buscando usar de forma terapêutica a percepção das nuances que a tornam árida.

Um jardineiro não é capaz de fazer uma planta crescer. Ele pode criar as condições necessárias para que a planta tenha o que requer para seguir seu caminho. Ele pode cuidar do solo, da água, buscar condições adequadas de insolação, mas quem cresce é a planta – e o faz de acordo com uma sabedoria própria. Da mesma forma, o terapeuta não é capaz de mudar o cliente: este se transforma de acordo com sua coerência. O que o terapeuta pode fazer é criar um contexto adequado para que tal desenvolvimento se dê. O Gestalt-terapeuta aposta na relação terapêutica como a terra fértil que dá sustentação ao processo de desenvolvimento da pessoa que está em terapia.

Quando alguém procura terapia, está de alguma forma em desencontro com seu mundo. O papel do Gestalt-terapeuta é namorar esse desencontro junto com o cliente, acreditando sempre que a pessoa que está à sua frente é muito mais do que qualquer teoria psicológica ou crença pessoal que ele, terapeuta, possa ter. A busca é de estar aberto ao outro, a fim de enxergá-lo em sua singularidade.

> [...] o terapeuta que direciona força, conduz o paciente, transmite a seguinte mensagem: "Você não é suficiente como você é". Essa mensagem induz à vergonha e/ou à culpa. Resumindo, o terapeuta diretivo não promove o autossuporte do paciente. Tal terapeuta pode estar agindo com "boas intenções". Isto não melhora em nada a situação. Acredito que, em geral, a ação de conduzir o paciente atende às necessidades do terapeuta e não às do paciente. Observar transformações rápidas pode ser entusiasmante e gratificante, mas isto promove o crescimento do paciente? Eu duvido que a transferência e a idealização produzidas sejam tão enaltece-

> doras para o paciente quanto o são para o terapeuta. Acho que o paciente é o último a saber que isto é verdade. Forçar pode levar a descobertas, mas geralmente sem ferramentas para fazê-lo sem o terapeuta. No máximo, pode dar ao paciente a capacidade de fazer o que o terapeuta induziu-o a fazer, o que tem um poder de generalização muito limitado. (Yontef, 1998, p. 139-40)

Hoje, vários estilos de Gestalt-terapia são praticados no Brasil, porém observamos o predomínio de uma modalidade que privilegia a qualidade da relação terapêutica como aspecto fundamental para o bom desenvolvimento do processo terapêutico. O jeito amistoso do brasileiro parece se encaixar muito bem em uma prática respeitosa que busca acompanhar o cliente em vez de usar um estilo abrasivo e confrontador, típico dos primórdios da Gestalt-terapia, em especial do próprio Perls. Em nosso país, a ideia da teoria paradoxal da mudança tende a ser absorvida de forma especialmente harmônica e produtiva. Essa forma de compreender o "processo de mudança" é um dos pilares que sustentam um estilo de Gestalt-terapia elegante e sensível que vem amadurecendo a cada ano e ampliando seus espaços tanto na área clínica como em todos os segmentos da psicologia, em especial no meio acadêmico.

REFERÊNCIAS BIBLIOGRÁFICAS

AUGRAS, M. *O ser da compreensão: fenomenologia da situação de psicodiagnóstico*. Petrópolis: Vozes, 1986.

BEISSER, A. R. "A teoria paradoxal da mudança". In: FAGAN, J.; SHEPHERD, I. L. *Gestalt-terapia: teoria, técnicas e aplicações*. Rio de Janeiro: Zahar, 1980, p. 110-4.

DOUBRAWA, A.; DOUBRAWA, E. *Gestalttherapie*. Edition Gestalt-Institut Köln/GIK Bildungswerkstatt im Peter Hammer Verlag, Wuppertal, 2002. Disponível em: <http://www.gestalt.de/beisser_fluegel.html>. Acesso em: 11 jun. 2013.

Frazão, L. "Psicologia da Gestalt". In: Frazão, L. M.; Fukumitsu, K. O. (orgs.). *Gestalt-terapia: fundamentos epistemológicos e influências filosóficas*. São Paulo: Summus, 2013, p. 99-113.

Orgler, S. "Teoria paradoxal da mudança/mudança". In: D'Acri, G.; Lima, P.; Orgler, S. (orgs.). *Dicionário de Gestalt-terapia – Gestaltês*. São Paulo: Summus, 2007, p. 214-5.

Perls. F. S. *Escarafunchando Fritz: dentro e fora da lata de lixo*. São Paulo: Summus, 1979.

Yontef, G. M. *Processo, diálogo e awareness – Ensaios em Gestalt-terapia*. São Paulo: Summus, 1998.

11
Concepção de neurose em Gestalt-terapia

ANGELA SCHILLINGS

Segundo Perls (1981, p. 38), "a neurose é como uma doença que surge quando o indivíduo, de alguma forma, interrompe os processos contínuos da vida e se sobrecarrega com tantas situações incompletas que não pode prosseguir satisfatoriamente com o processo de viver". Partindo dessa colocação, é necessário inicialmente descrever como se desenvolve o processo saudável de contato para depois compreender as ocorrências geradoras da interrupção de contato, que em Gestalt-terapia é denominada neurose.

Na vida, necessitamos de contato para sobreviver. Estamos sempre em contato com o meio, seja para a realização de nossas necessidades fisiológicas, seja para a satisfação de nossas necessidades emocionais. Nesse sentido, pessoa e ambiente são indissociáveis – o que em nossa abordagem nomeamos de campo. A relação do ser humano no seu ambiente lhe dá organização, tanto no sentido de ser social quanto no de ser singular no mundo em que vive. Nessa indissociabilidade pessoa/ambiente, não é possível falar em situações isoladas nem em ocorrências separadas entre cada uma das partes desse todo. Portanto, o que é considerado saudável ou não saudável é forjado nessa relação de campo.

Quando em Gestalt-terapia falamos de funcionamento saudável, estamo-nos referindo à integração da pessoa e do ambiente ocorrendo por meio de ajustamentos criativos na formação e destruição de *Gestalten*, ou seja, o fluxo de contato que se desenvolve. De acordo com Tellegen (1982, p. 84-5): "Experiência humana é relação, é contato [...]. Contato é o processo contínuo de reciprocidade em que homem e mundo se transformam".

O desenvolvimento saudável do ser humano consiste em lidar com as circunstâncias de vida como elas se apresentam, buscando satisfazer as necessidades emergentes – apesar dos obstáculos que porventura apareçam – e procurando solucionar os problemas por meio de ações viáveis (entende-se por problema a situação aberta que busca fechamento). Ao contrário, quando a pessoa não consegue lidar com as situações com que depara, não fazendo ajustamentos satisfatórios para dar curso ao que lhe é necessário nem utilizando o que existe em si e no meio mediante novos rearranjos, seu funcionamento apresenta indisponibilidade na forma criativa de viver; a pessoa está interrompida no contato e seu funcionamento não está saudável.

Segundo Perls, Hefferline e Goodman (1997, p. 49),

> [...] a descrição da saúde e doença psicológicas é simples. É uma questão de identificações e alienações do *self*: se um homem se identifica com o *self* em formação, não inibe seu próprio excita-

mento criativo e sua busca de solução vindoura; e, inversamente, se ele aliena o que não é organicamente seu e, portanto, não pode ser vitalmente interessante, pois dilacera a figura/fundo, nesse caso, ele é psicologicamente sadio, porque está exercendo sua capacidade superior e fará o que melhor puder nas circunstâncias difíceis do mundo. Contudo, ao contrário, se ele se aliena e, devido a identificações falsas, tenta subjugar sua própria espontaneidade, torna sua vida insípida, confusa e dolorosa.

FUNCIONAMENTO SAUDÁVEL E AJUSTAMENTO CRIATIVO

Para haver contato é necessário que apareça algo na fronteira de contato que excite o organismo, ativando-o. Tal ocorrência recebe várias denominações – como excitação, excitamento, início de formação da Gestalt, início de delineamento de uma figura –, sendo uma condição básica da vida humana em contato com o mundo. Tocamos e somos tocados pelo mundo a todo instante por meio da nossa sensorialidade. O mundo nos toca mobilizando nossa visão, audição, olfato, gustação e sensação tátil – esses são os órgãos dos sentidos. A partir do momento em que somos tocados, movemo-nos em direção ao estímulo que nos tocou, fazendo um movimento de expansão ou de retração em relação a ele. Quando há expansão na relação com o que nos mobilizou, a fronteira se expande, possibilitando que o contato siga seu curso; ao contrário, quando há retração, não havendo então permeabilidade e plasticidade na fronteira, indisponibiliza-se a possibilidade de contato. Em algumas situações, essa falta ou dificuldade de permeabilidade na fronteira não significa ausência de saúde, pois quando estamos expostos a situações de ameaça é necessário que haja retração na fronteira visando à preservação do organismo no campo.

Um funcionamento saudável no campo é integrado – requisito prévio para a ocorrência de um fluxo fluido figura e fundo. No funcionamento saudável, estamos em sintonia com nossas capacidades e com os processos que nos fazem ser quem somos; fazemos escolhas adequadas diante das possibilidades que se apresentam. Segundo Latner (1999), a formação de *Gestalten* claras e fortes é um critério central do funcionamento saudável, pois significa que a experiência de viver terá a profundidade e a satisfação características da saúde. Isso não significa que não cometamos erros nem que tenhamos de resolver e compreender todas as situações que vivenciamos. Como enfatiza Perls (1977b, p. 18), os erros são essenciais para o crescimento: "Erros são formas de fazer algo de maneira diferente, talvez criativamente nova". Isso significa que um funcionamento saudável, às vezes, pode requerer esforço, pois "a saúde não nos assegura que os obstáculos desaparecerão quando tropeçarmos neles; só significa que é necessário que nos dediquemos a esta tarefa específica com todos os nossos recursos" (Latner, 1999, p. 53).

Visando compreender o funcionamento saudável em Gestalt-terapia, torna-se necessário falar do ajustamento criativo. Este coloca dois polos em interação contínua – o do ajustamento e o da criação. No polo ajustamento existe algo já preservado na realidade vivida, denominado também de conservação; no polo crescimento, que é a forma pela qual o organismo existente se preserva, encontra-se a assimilação, o que possibilita a renovação. Portanto, "a autopreservação e o crescimento são polos, porque é somente o que se preserva que pode crescer pela assimilação, e é somente o que continuamente assimila a novidade que pode se preservar e não degenerar" (Perls, Hefferline e Goodman, 1997, p. 179). Contato, como ajustamento criativo no campo, é, portanto, um *continuum* de conservação e crescimento que ocorre no sistema de contatos a todo momento, sendo chamado de *self* em Gestalt-terapia. *Self*, então, é o sistema de ajustamentos criativos; é a fronteira de contato em ação (veja o Capítulo 4).

Sendo o *self* o sistema de contatos, ele implica ajustamentos necessários no campo. Como vimos, no campo, tanto pessoa quanto ambiente necessitam de conservação e crescimento para existir, sendo o *self* o gerador de possibilidade de interação entre esses dois polos. O processo de contato é um único todo, e para compreender melhor os processos de funcionamento saudável e não saudável no campo é necessário dar visibilidade ao *self*. Este, embora seja uma totalidade, didaticamente é sistematizado em estrutura e dinamicidade, por meio das quais são denominadas suas funções – id, ego e personalidade – e suas dinâmicas – pré-contato, contato, contato final e pós-contato (Perls, Hefferline e Goodman, 1997). Por meio delas, podemos compreender o ajustamento funcional e o ajustamento disfuncional.

Perls, Hefferline e Goodman (1997) mencionam as seguintes formas de contato: confluência, introjeção, projeção, retroflexão e egotismo. Porém, vale enfatizar que vários autores da Gestalt-terapia não consideram todas essas formas citadas. Até mesmo Perls (1981), em seus escritos posteriores, não utiliza o termo "egotismo". Outros autores, como Polster e Polster (1979), além de não utilizarem o egotismo, acrescentam outra forma, denominada deflexão, enquanto Crocker (1981) acrescenta a forma nomeada proflexão.

É importante ressaltar que a conceituação das formas saudáveis é rara nas obras da Gestalt-terapia, e quando aparece é escassa e sempre relacionada à descrição do funcionamento não saudável, o que pode acabar gerando dificuldades de identificação. Optou-se aqui por diferenciá-las, já que o objetivo deste capítulo é propiciar uma compreensão mais didática sobre os conceitos utilizados no funcionamento saudável.

Confluência

É a ausência de experiência de fronteira: não existe diferenciação entre organismo e meio e há sensação de unidade. "Quando o indivíduo não sente nenhuma barreira entre si e o meio, quando sente que ele próprio e o meio são um, está em confluência" (Perls, 1981, p. 51). Nesse sentido, a confluência é indispensável para nos sentirmos seres em harmonia nos vários contextos de nossa vida; a ressonância necessária com outras pessoas para o desenvolvimento de nossas perspectivas e dos momentos de unidade em relações de intimidade. "Uma criança está em confluência com sua família; um adulto com sua comunidade; uma pessoa com seu universo" (Perls, Hefferline e Goodman, 1997, p. 252).

Introjeção

Maneira pela qual o organismo assimila o que o meio lhe fornece, tornando o que foi assimilado disponível para ser utilizado de forma própria. "O que realmente assimilamos do meio se torna nosso, para fazermos o que desejarmos. Podemos retê-lo ou devolvê-lo com sua nova forma, destilada através de nós" (Perls, 1981, p. 46). Robine (2006) explicita a diferença entre introjeção e introjeto. Introjeção seria o processo de dar significação às vivências ocorridas no campo que advêm do meio, adquirindo uma forma singular quando existe assimilação. Já os introjetos seriam os conteúdos resultantes do processo de introjeção, ou seja, o "resultado" do material adquirido do meio que foi "internalizado". Segundo esse autor, o que nos mobiliza para a formação de uma figura ocorre pelo processo de introjeção-assimilação do que vem do meio, e só será formada uma figura caso haja um introjeto que dê substância à sua sustentação.

Projeção

Na projeção existe uma figura clara na fronteira de contato e, ao confrontar o ambiente, são lançadas possibilidades que visam ao fechamento da figura que se delineou. É pela projeção que a pessoa pode criar perspectivas daquilo que faz sentido para si, visando a uma maneira melhor de lidar com o meio. Ao utilizar a projeção, visualizamos o meio de maneira diferente da que existe naquele momento – nossa atividade de fantasiar visa intuir algo que não está ainda aparente, com o objetivo de formar ideias para refazer o campo. Segundo Perls (1981), a projeção saudável nos permite planejar e antecipar, envolvendo suposições baseadas nas observações sobre o meio. Porém, adverte ele, é necessário reconhecer que as suposições são nossas e não situações reais. Esse processo possibilita a deliberação necessária para que ocorra o contato final, por meio da identificação e da alienação das possibilidades existentes, visando ao fechamento da perspectiva de crescimento. O *self*, em sua função ego, estará em pleno vigor.

Retroflexão

Movimento de conter a energia direcionada à ação no meio, visando ao reajustamento da emoção em curso para o fechamento da Gestalt. O *self*, aqui, é saudavelmente autocrítico, prevendo possíveis consequências de ruptura no meio. Portanto, a retroflexão saudável está presente no senso de autocrítica, que evita agredir o meio com potencial de aniquilamento ou violência. "E, de modo geral, qualquer ato de autocontrole deliberado durante um envolvimento difícil é uma retroflexão" (Perls, Hefferline e Goodman, 1997, p. 256).

Egotismo

Ocorre na finalização do processo de contato. É o asseguramento de que o que pertence a mim não seja tomado, quando existem condições adversas na finalização do contato em curso. É uma forma de elaboração objetiva do que foi vivido, existindo uma *awareness* voltada para os próprios processos na fronteira de contato. "É uma preocupação última com nossas próprias fronteiras e nossa própria identidade em lugar de com o que é contatado" (Perls, Hefferline e Goodman, 1997, p. 257). Na sua forma saudável, o egotismo hesita, porém se compromete. É um aspecto hesitante no contato final, pois existe dificuldade de deixar "ir para o fundo" a vivência que está se completando, pelo controle da espontaneidade. Quando vivenciamos situações "especialmente novas", o egotismo ocorre para que se assegure que a entrega não seja precoce. "Normalmente, o egotismo é indispensável em todo processo de complexidade elaborada e de maturação prolongada; de outro modo, há um compromisso prematuro e há necessidade de desencorajar o desatamento" (Perls, Hefferline e Goodman, 1997, p. 257). Ainda ao falar sobre o egotismo, Robine (2006) diz que, conceitualmente, ele não teve muita aceitação entre os Gestalt-terapeutas e, em sua opinião, o egotismo é uma forma específica de retroflexão. Porém, podemos entender que na retroflexão o foco está voltado mais para o meio do que para a pessoa, ao passo que no egotismo o foco está na pessoa e não no meio.

Na sequência, serão descritas a deflexão e a proflexão, visando complementar o conhecimento dos conceitos introduzidos por outros autores da nossa abordagem.

Deflexão

Segundo Polster e Polster (1979), a deflexão é a retirada da energia do contato. Na sua forma saudável, ela pode ser útil quando no campo existirem situações que exijam da pessoa fornecer ou receber respostas com demasiada carga emocional. A consideração sobre essa forma de contato será revista ao falarmos do funcionamento não saudável.

Proflexão

De acordo com Crocker (1981), proflexão é a forma de a pessoa fazer ao outro o que ela gostaria que o outro lhe fizesse, ou seja, a pessoa busca conseguir que o outro imite sua ação ou reaja de determinada maneira. Assemelha-se tanto com a projeção quanto com a retroflexão, já que na projeção a pessoa coloca fora de si aquilo que lhe pertence e na retroflexão faz a si o que gostaria de fazer ao outro. A autora ainda afirma que, em sua forma saudável, a proflexão também é nomeada de modelação, sendo esta uma condição essencial à existência individual e social e sem a qual não saberíamos desenvolver os papéis necessários à condição humana (como sermos pais, cidadãos etc.). As considerações sobre esse conceito serão feitas ao abordarmos o funcionamento não saudável.

Considerando que o ajustamento criativo é facilitador do livre fluxo na fronteira de contato, a Gestalt-terapia serviria para disponibilizar a retomada desse fluxo saudável quando estivessem presentes as interrupções no processo de contato. Segundo Perls, Hefferline e Goodman (1997), a excitação e seu fluxo crescente são necessários à formação e à manutenção do desenvolvimento do fluxo figura e fundo no processo de contato. Para os autores, quando a excitação espontânea é evitada, ocorre a ansiedade, impedindo o delineamento da figura, e o contato é interrompido. Aqui está estabelecida a perda da função ego do *self*, nomeada de neurose. Para explicitar esse funcionamento não saudável que interrompe o contato no campo serão descritos os processos que promovem tal interrupção.

AJUSTAMENTO DISFUNCIONAL E NEUROSE

A vida humana ocorre no campo organismo/meio. Segundo Perls (1981), o ser humano, emocionalmente, precisa de contato com os outros tanto quanto necessita, fisiologicamente, de alimento e líquido para sobreviver.

> O homem parece nascer com sensos de equilíbrio social e psicológico tão precisos quanto seu senso de equilíbrio físico. Cada movimento que faz em nível social ou psicológico é um movimento em

> direção a encontrar esse equilíbrio, equalizando suas necessidades pessoais e as demandas da sociedade. Suas dificuldades surgem não do desejo de rejeitar tal equilíbrio, mas dos movimentos inadequados em direção a encontrá-los e mantê-los. (Perls, 1981, p. 41, tradução nossa)

Para dar conta dessa interação contínua estabelecida no campo, precisamos, inúmeras vezes, fazer opções para atender a nossas necessidades, bem como as oriundas do meio. Caso as necessidades do meio sejam colocadas de forma impositiva, resistimos, sendo a resistência, nessas situações, a força vital aplicada à sobrevivência, pois sem ela pereceríamos. Segundo Spangenberg (1996, p. 23), a maneira como resistimos revela cada um de nós, nosso estilo, nossa arte particular de sobrevivência. A resistência nos defende de qualquer forma de ameaça. Tal defesa visa manter o organismo íntegro, pois alguém que se defende só o faz por se sentir ameaçado. Portanto, a resistência, como tal, deve ser respeitada, pois é uma energia valiosa e atacá-la seria o melhor modo de consolidá-la e fortalecê-la. "No entanto, como todo guardião, as defesas acabam convertendo-se em carcereiros, e é justamente a esse aspecto limitador que a literatura psicológica se dedicou tão profundamente" (*idem*).

Partindo dessa perspectiva, é necessário compreender como se formam as resistências, pois assim entenderemos como o ser humano desenvolve suas formas de interromper o contato, também nomeadas de neurose ou de mecanismos neuróticos (Perls, 1981).

Segundo Latner (1999), no início da vida nosso funcionamento é fluido no campo; organismo e meio estão integrados.

Porém, como ainda temos poucos recursos autônomos e dependemos do meio para que grande parte de nossas necessidades seja satisfeita, quando surge uma necessidade própria e o meio se opõe a ela, é experienciada uma situação de emergência no campo (emergência entendida aqui como algo que se coloca de forma que interrompa a necessidade originária). Em situações de emergência precisamos organizar uma defesa, e para tanto recorremos a um repertório de comportamentos de proteção. Se a emergência persiste, o comportamento de proteção persiste também, sendo essa a melhor forma para a situação em curso. O organismo saudável reage a uma dificuldade prolongada com a função de segurança, ou seja, suspende sua parte na fronteira de contato para lidar com a emergência que surgiu; para tanto, precisa inibir a excitação que apareceu espontaneamente. Nesse caso, é necessário opor-se ao comportamento espontâneo, o que gera conflito consigo – sua energia vai para a contenção e não para a satisfação da sua necessidade, pois visa à satisfação da necessidade do meio. Quando isso ocorre de forma contínua, a supressão da excitação, que de início era deliberada, passa a ser crônica e não mais percebida.

Assim, continuamos funcionando como se houvesse uma emergência no campo, e o repertório das funções de segurança (sendo a dessensibilização a mais importante delas) deixa de utilizar a excitação como sinalizador da existência de uma necessidade, impedindo assim qualquer possibilidade de satisfazê-la. Com a excitação contida, não é possível dispor dela para lidar com situações novas; logo, a formação figura/fundo estará comprometida. Também é necessário alienar a excitação que pode aparecer em novas figuras, pois o excitamento chega ao todo e reativa o que agora é vivido não mais como excitação, mas como ansiedade. A sensação corporal diminui, não há percepção clara e, mesmo que haja, não é possível expressá-la. Segundo Laura Perls (1994), a ansiedade reflete a ausência de suporte essencial na experiência de contato, tornando indisponível a orientação necessária para lidar com as situações, impedindo a pessoa de acessar, tanto em si quanto no meio, os recursos necessários ao suporte que é imprescindível ao contato.

Como vimos na seção referente ao ajustamento criativo, também aqui serão descritas as formas de interrupção no fluxo de contato, nomeadas de neurose. Segundo Perls, Hefferline e Goodman (1997) são elas: confluência, introjeção, projeção, retroflexão e egotismo, porém agora em suas formas disfuncionais.

Confluência disfuncional

Ocorre no momento em que o fundo emerge e a excitação está prestes a ser mobilizada, não sendo possível a formação de uma figura, pois a excitação é interrompida. Existe apego a uma situação anterior que promovia segurança, portanto não há possibilidade de o processo de contato começar. E, se não há contato, o crescimento está interrompido, pois o novo é recusado. Nessa forma disfuncional de confluência, há um estado comportamental de dependência; a pessoa pede que o outro faça todos os esforços em seu lugar, já que ela não consegue formar figuras e o campo continua em movimento. Não é um apego ao contato, é o apego a uma situação antiga que se tornou obsoleta, obstruindo a possibilidade nova de seguir seu curso. No fluxo figura e fundo, já não há a percepção de que ocorre uma excitação quando o fundo é tocado pela diminuição da sensação corporal e, mesmo que se perceba, não é possível formar a figura, pois existe uma supressão crônica que o impede. "O homem que está em confluência patológica amarra suas necessidades, emoções e atividades num amontoado de completa confusão até que não mais se dá conta do que quer fazer e de como está se impedindo de fazê-lo" (Perls, 1981, p. 52-3). Aqui está estabelecida a perda da função ego do *self*; todos os desdobramentos saudáveis posteriores estarão impossibilitados e as ocorrências serão então adaptadas a um funcionamento não saudável.

Introjeção disfuncional

Ocorre no momento em que a excitação emerge. Quando isso se dá, ela não é reconhecida, sendo sentida como ansiedade. A "estratégia" é adotar, então, o desejo do outro como seu para não entrar em conflito com o ambiente. Tal substituição é denominada "inversão do afeto" (Perls, Hefferline e Goodman, 1997, p. 258) e visa inibir a excitação por algum introjeto de vivências anteriores de adequação ao meio. Em consequência, dá-se um processo de figura adaptado, já que o contato não é mais possível, por ter sido interrompido anteriormente. Ao identificar-se com o meio, sente-se incluído e faz uso do que é do meio como se fosse seu. "A introjeção, pois, é o mecanismo neurótico pelo qual incorporamos em nós mesmos normas, atitudes, modos de agir e pensar que não são verdadeiramente nossos. Na introjeção colocamos a barreira entre nós e o resto do mundo tão dentro de nós mesmos que pouco sobra de nós" (Perls, 1981, p. 48). Relativo às dinâmicas do *self*, esse é o momento do que seria o contato propriamente dito, que, interrompido, agora é apenas adaptado às necessidades do meio e não mais à necessidade genuína do organismo.

Projeção disfuncional

Ocorre na confrontação com o ambiente. Apesar do controle de supressão feito pelos introjetos, o *self* contata novamente a ansiedade. Para aplacá-la, a pessoa utiliza a projeção, pois não pode lidar com a emoção genuína que foi invertida, ou seja, com aquilo que sente e a diferencia no campo. Na projeção "o indivíduo não pode aceitar seus sentimentos e ações porque 'não deveria' sentir ou agir daquela forma. O 'não deveria' é realmente o introjeto básico que rotula como intragável o sentimento ou ação de quem projeta" (Polster e Polster, 1979, p. 86). Há, portanto, uma desapropriação de emoções, como também dos aspectos de si que mobilizam tais emoções, negando e não aceitando o que lhe pertence. "[...] em vez de ser um participante ativo de sua própria vida, aquele que projeta se torna um objeto passivo, a vítima das circunstâncias" (Perls, 1981, p. 50). Cria fantasias de que é no outro que se encontra aquilo que pertence a si e espera que ele as execute, já que acredita que o mundo é responsável pelo que lhe pertence.

Retroflexão disfuncional

Ocorre no engajamento com o ambiente. Ao deparar com a iminência do contato, aparece o medo de destruir o meio ou de ser destruído por ele. A única possibilidade para lidar com a ansiedade é contê-la. Porém, como já existe o engajamento com a situação em curso, ainda é possível uma "saída" para evitar que ocorra o contato: voltar essa energia para si e, visivelmente, para o próprio corpo. A energia direcionada a si exige um processo intenso de passar e repassar a situação para descobrir outras alternativas que não a exposição. Há, portanto, tentativas de desmantelamento da situação que gera ansiedade e culmina num "ruminar" sem fim. A tentativa de eliminar a energia leva a duas possibilidades: caso haja medo de destruir o meio, a energia contida será usada para danificar-se, por exemplo, nas doenças autoimunes; caso haja medo de ser destruído pelo ambiente, a energia contida será usada na utilização de formas indiretas que podem lesar o meio, como no caso da tentativa de suicídio.

> Quando uma pessoa retroflexiona um comportamento, trata a si mesma como originalmente quis tratar a outras pessoas ou objetos. Para de dirigir suas energias para fora [...]; ao invés disso, redirige sua atividade para dentro e se coloca no lugar do meio como alvo do comportamento. (Perls, 1979, p. 54)

Egotismo disfuncional

Ocorre quando a aproximação do contato final está em curso, e mesmo com a continuada contenção da excitação há um tipo de conexão entre organismo e meio. A ansiedade reaparece e a pessoa busca controlar o meio se isolando, na tentativa de paralisar o envolvimento. Evita surpresas acumulando conhecimento e relações que acredita lhe trarão vantagens sobre o ambiente, focalizando apenas a sua parte no campo. Isso lhe dá a sensação de estar no controle, mas como o controle não é suficiente a ansiedade reaparece, gerando medo, o qual acarreta mais necessidade de controle – é um círculo vicioso. No egotismo, os indivíduos mostram-se "ansiosos diante do soltar-se, ansiosos diante da perda do controle, ansiosos ao se abrirem para os outros [...] tais indivíduos se isolam do ambiente e o reduzem a conhecimentos que possam ampliar seu controle e seu poder" (Robine, 2006, p. 132).

A seguir descreveremos as duas formas desenvolvidas por Polster e Polster (1979) e Crocker (1981) contempladas no funcionamento saudável, agora nas formas disfuncionais.

Deflexão disfuncional

Apresentada como "uma manobra para se desviar de um contato direto com outra pessoa" (Polster e Polster, 1979, p. 93), a deflexão disfuncional é descrita pelos autores como uma forma específica de evitação do contato, desviando a possibilidade de formação de uma figura clara no campo onde a pessoa retira a ação do seu alvo, esquivando-se. A deflexão faz parte de todas as formas disfuncionais de contato, já que desviar a energia (excitação) compõe todo o processo de interrupção do contato.

Proflexão disfuncional

Criada por Crocker (1981), ela é descrita como uma junção da projeção com a retroflexão, distinguindo-se das outras formas de interrupção. Para a autora, na proflexão a pessoa utilizaria de sua projeção, tendo uma ação no meio que projeta sua necessidade; porém, ao não assumir que seja sua, estará retroflexionando a parte que lhe pertence – faz ao outro o que gostaria que o outro lhe fizesse.

Com base no que vimos sobre as formas disfuncionais, segundo Perls, Hefferline e Goodman (1997), podemos entender que toda ação, a partir da confluência disfuncional, promove formas adaptadas que terão como desdobramento maneiras adaptadas no campo.

No que se refere às duas últimas formas citadas, de acordo com Perls, Hefferline e Goodman (1997, p. 259), "o esquema pode ser multiplicado indefinidamente por meio das categorias uma com a outra, como por exemplo 'confluência de introjetos', 'projeção de retrofletos' etc.". Assim, podemos considerar o trabalho de Polster e Polster (1979) e de Crocker (1981) como criações novas no desdobramento das formas disfuncionais do funcionamento não saudável.

Segundo Perls, Hefferline e Goodman (1997), as formas por eles citadas demonstram que a neurose é um processo disfuncional de contato e essa "sequência" não se refere a uma rigidez teórica; os autores visam mostrar como uma fixação da excitação se difunde por todo o processo de contato. Também ressaltam que "não é uma classificação de pessoas neuróticas, mas um método de decifrar a estrutura de um comportamento" (Perls, Hefferline e Goodman, 1997, p. 259). Na neurose, segundo os autores,

> [...] o desejo não aprende a ativar as funções práticas importantes, pois um homem rumando para a decepção e a dor não se envolverá seriamente com o ambiente. Não obstante, o desejo frustrado reaparece e põe em andamento fantasias e, por fim, atos impulsivos que são praticamente inefetivos; e assim, em consequência, não tem êxito, fica magoado e sujeito a um medo crônico. Por outro lado, alguém que é medroso cronicamente se controla e se frustra diretamente [...]. A frustração, a impulsividade, o medo e o autocontrole se agravam mutuamente. (p. 260)

A neurose, assim, é um processo único, no qual o medo, a ansiedade e a frustração estão sempre presentes. O início do processo de interrupção do contato ocorre quando a excitação deliberadamente é suprimida e passa a ser crônica. A partir daí, a confluência impede a formação de novas figuras, e as ocorrências subsequentes são tentativas de completar a situação que não pode ser completada, já que todo esse fluxo que se desdobra é um fluxo interrompido e, portanto, sem fechamento. O processo se repete indefinidamente; podemos dizer que a neurose é um ciclo que se retroalimenta: quem não consegue identificar o que lhe pertence e o que não lhe pertence perdeu a capacidade de discriminação, sem a qual não consegue fazer escolhas que promovam o crescimento do organismo no campo.

Com o objetivo de apresentar de forma mais completa as diversas concepções de neurose em Gestalt-terapia, serão incluídas mais duas descrições posteriores aos autores iniciais: uma de Perls (1977a), denominada "camadas de neurose", e outra de Zinker (2007), que diz respeito às interrupções no ciclo *awareness*-excitação-contato. Elas serão apresentadas de maneira resumida, visando à sua compreensão básica.

Camadas de neurose

Perls (1977a) divide a estrutura da neurose em cinco camadas. A primeira é denominada camada de desempenho de papéis, ou camada postiça, na qual repetimos os papéis que aprendemos a desempenhar para obter aceitação do meio; continuamos a exercê-los por acreditar que eles somos nós. Vivemos a "aparência daquilo que não é, aparência para a qual não temos nosso suporte, nossa força, nosso desejo genuíno, nossos talentos genuínos" (Perls, 1977a, p. 84). Ao transpormos essa camada, a experiência é de vazio e ficamos com medo. Essa, então, é a segunda camada – chamada fóbica –, na qual evitamos o sofrimento e a frustração. Ela se caracteriza pela objeção de sermos quem somos, pois aparecem os introjetos de quem deveríamos ser. Ao depararmos com esse sofrimento, surge a terceira camada, que é o impasse que se estabeleceu: não podemos mais aceitar o que fomos, porém temos a fantasia de não podermos ser quem estamos descobrindo ser. Quando estamos no impasse, como ainda não temos suporte disponível, ficamos assustados pelo que imaginamos e só conseguimos sair dele quando começamos a fazer discriminações pelas nossas preferências e não por decisões racionais. Ao discriminar o que nos é importante, ocorre a quarta camada, chamada de implosiva. Ela se caracteriza pela contenção da energia que não permite que nossa excitação chegue aos nossos sentidos, pois está contida na inversão do afeto que tomamos como se fosse nosso. São forças em oposição; contraímo-nos e implodimos. Uma vez que tomamos contato com o que de genuíno existe em nós, ultrapassamos a camada implosiva e vivemos a última camada – denominada explosiva, que é uma progressão necessária para nos tornarmos autênticos. Como na camada implosiva a energia estava sendo usada para manter a tensão, quando liberada pode ser utilizada em forma de expressão. É o elo com a pessoa autêntica, capaz de experienciar e manifestar suas emoções. Essas explosões que ficaram represadas se referem ao pesar quando conectadas a uma perda que não tenha sido assimilada; à alegria que não pôde ser expressa por muito tempo; à raiva por algo que nos acometeu e tivemos de "engolir"; e ao orgasmo em pessoas sexualmente reprimidas. A explosão está ligada ao montante de energia que foi mantido na camada implosiva, ou seja, nos introjetos; ao vivenciar a camada explosiva, a pessoa estará disponível para uma vida autêntica.

CICLO *AWARENESS*-EXCITAÇÃO-CONTATO

Zinker (2007) descreve um ciclo que denomina ciclo *awareness*-excitação-contato; no funcionamento não saudável esse ciclo pode estar interrompido e suas interrupções ocorrem nos seguintes aspectos apresentados:

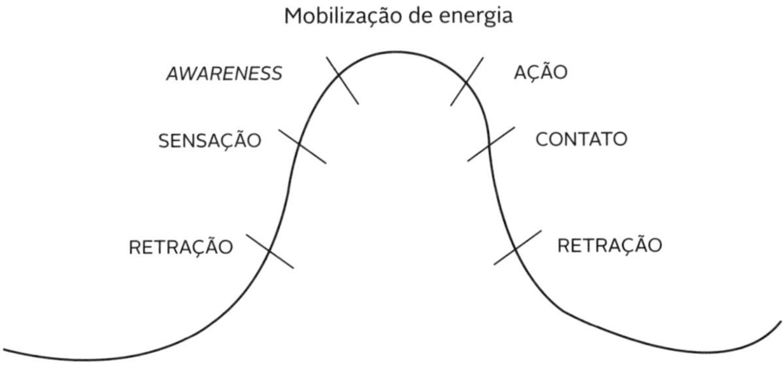

Quando a interrupção ocorre entre a retração e a sensação, a pessoa se encontra profundamente retraída e tem dificuldade de registrar os indícios sensoriais enviados pelo seu corpo. Segundo o autor, é necessário desfazer a interrupção desenvolvendo novamente a sensorialidade por meio da *awareness* do corpo e do que ocorre através dele.

Quando a interrupção ocorre entre a sensação e a *awareness*, a pessoa consegue sentir, porém não é capaz de identificar o que sente; necessita dirigir seu foco para as sensações a fim de compreendê-las, dando-lhes significados no seu processo vivencial.

A interrupção que acontece entre *awareness* e mobilização de energia acaba fazendo que a pessoa não desenvolva o ímpeto necessário para a ação. Isso pode ocorrer por medo da excitação ou de emoções intensas, o que faz que contenha a energia, tornando-se indisponível para expressar sua potência. O autor considera que essa é uma forma de retroflexão e, como tal, é necessário que se dê conta da contenção que promove e possa ir disponibilizando aos poucos sua energia para ações concretas.

Na interrupção entre mobilização de energia e ação, a pessoa está mobilizada, porém não utiliza sua energia na atividade que deseja, pois não acredita ser capaz de agir. É necessário que ela, dentro de seus limites e possibilidades, expresse essa energia em direção ao meio processualmente, percebendo que a ação vai liberando aquilo que estava contido.

Na interrupção entre a ação e o contato a pessoa age, mas sua ação é dispersa e não consegue assimilar sua experiência, pois não atinge o que almeja. Sua energia encontra-se espalhada e ela não tem um foco para o qual direcionar sua ação, portanto prescinde de suporte necessário para ter uma ação singular, o que pode ocasionar excessos em coisas que lhe são prejudiciais para compensar a sensação do esvaziamento de contato. Precisa começar a colocar atenção na sua energia e ir percebendo a inadequação de lançá-la prematuramente no meio.

Na interrupção entre contato e retração, a pessoa não consegue perceber a finalização do contato. Continua conectada, sem notar o limite com relação a si mesma e na relação com os outros. É a impossibilidade de perceber o ritmo da vida que se dá por meio de movimento e recolhimento. Poder dar-se conta de que é possível ficar consigo após a experiência com o outro disponibiliza a percepção de seu crescimento – descoberta gratificante e necessária à vida.

REFERÊNCIAS BIBLIOGRÁFICAS

CROCKER, S. "Proflexão". *Gestalt Journal*, v. IV, n. 2, 1981.

LATNER, J. *Fundamentos de la Gestalt*. 2. ed. Santiago do Chile: Cuatro Vientos, 1999.

PERLS, F. *Gestalt-terapia explicada*. São Paulo: Summus, 1977a.

_____. *Isto é Gestalt*. São Paulo: Summus, 1977b.

_____. *A abordagem gestáltica e testemunha ocular da terapia*. Rio de Janeiro: Zahar, 1981.

PERLS, F.; HEFFERLINE, R.; GOODMAN, P. *Gestalt-terapia*. São Paulo: Summus, 1997.

PERLS, L. *Viviendo en los límites*. Valencia: Promolibro, 1994.

POLSTER, E.; POLSTER, M. *Gestalt-terapia integrada*. Belo Horizonte: Interlivros, 1979.

ROBINE, J. M. *O self desdobrado*. São Paulo: Summus, 2006.

SPANGENBERG, A. *Terapia gestáltica e inversão da queda*. São Paulo: Paulinas, 1996.

TELLEGEN, T. "Atualidades em Gestalt terapia". In: PORCHAT, I. (org.). *As psicoterapias hoje*. São Paulo: Summus, 1982.

ZINKER, J. *Processo criativo em Gestalt-terapia*. São Paulo: Summus, 2007.

Os autores

Alexandra Cleopatre Tsallis

Graduada em Psicologia pela Universidade Federal do Rio de Janeiro (UFRJ), é mestre em Psicologia e Práticas Sociocultu-rais pela Universidade do Estado do Rio de Janeiro (Uerj) e doutora em Psicologia Social pela Uerj em associação com o Centre de Sociologie de l'Innovation – Ecole de Mines (Paris). Pós-doutora pela UFRJ, é professora adjunta do Departamento de Psicologia Social e Institucional do Instituto de Psicologia da Uerj, professora colaboradora do Programa de Pós-graduação em Psicologia Social e chefe do Serviço de Psicologia Aplicada do Instituto de Psicologia da mesma instituição. Pesquisadora do Núcleo de Cognição e Coletivos da UFRJ, é pesquisadora do Grupo de Pesquisa entre Redes da Universidade Federal Fluminense (UFF) e professora do Instituto Gestalt em Figura (RJ).

Angela Schillings

Psicóloga clínica, Gestalt-terapeuta pelo CEG-SP e especialista em Psicologia Clínica pelo Conselho Federal de Psicologia (CFP), é mestre em Psicologia pela Universidade Federal de Santa Catarina (UFSC), onde é professora do Departamento de Psicologia. Fundadora, diretora e responsável técnica da Comunidade Gestáltica – Clínica e Escola de Psicoterapia em Florianópolis, é coordenadora, professora e supervisora de cursos de formação, especialização e atualização em Gestalt-terapia. Autora de artigos e capítulos de livros sobre essa abordagem, é editora-geral da revista eletrônica *AW@RE* e atua como psicoterapeuta de adultos, casais, famílias e grupos.

Beatriz Helena Paranhos Cardella

Psicóloga, psicoterapeuta e supervisora clínica, é mestre em Educação pela Universidade Paulista (Unip), especialista em Psicologia Clínica pela Universidade de São Paulo (USP) e em Gestalt-terapia pelo Instituto Sedes Sapientiae. Professora do curso de Especialização em Gestalt-terapia nesse órgão e do curso de formação em Gestalt-terapia do Satori GT (Campinas), é colaboradora do Instituto de Gestalt de São Paulo, onde ministra cursos e *workshops*. É autora dos livros *Laços e nós: amor e intimidade nas relações humanas* (Ágora, 2009), *A construção do psicoterapeuta* (Summus, 2002) e *O amor na relação terapêutica* (Summus, 1994), e de vários artigos e ensaios em revistas da abordagem gestáltica. É ainda coordenadora dos Grupos de Estudos de Temas Clínicos, trabalho de formação continuada para psicoterapeutas em São Paulo e Campinas.

Celana Cardoso Andrade

Formada em Psicologia pela Universidade Católica de Goiás (UCG) e em Educação Física pela Escola Superior de Educação Física de Goiás (Esefego), é especialista em Gestalt-terapia pelo Instituto de Treinamento e Pesquisa em Gestalt-terapia de Goiânia (ITGT). Mestre em Psicologia Clínica pela UCG, é doutoranda em Psicologia Clínica e Cultura pela Universidade de Brasília (UnB). Professora do curso de Psicologia da Universidade Federal de Goiás (UFG) e do ITGT, faz psicoterapia com indivíduos, casais e famílias, atuando também em grupos psicoterapêuticos e de supervisão. Editora associada da *Phenomenological Studies* – Revista da Abordagem Gestáltica, organiza os Encontros Goianos da Abordagem Gestáltica e de Fenomenologia do Centro-Oeste. É pesquisadora do Diretório dos Grupos de Pesquisa no Brasil, projeto desenvolvido no CNPq na linha de pesquisa Fenomenologia e Subjetividade.

Claudia Baptista Távora

Psicóloga, atua como psicoterapeuta de jovens, adultos, casais e famílias desde 1988. Psicóloga concursada em Saúde Pública, é coordenadora do Serviço de Psicologia do Departamento de Assistência Médica da Assembleia Legislativa do Rio de Janeiro. Especialista em Psicologia Clínica, é mestre em Psicologia e Práticas Socioculturais pela Universidade do Estado do Rio de Janeiro (Uerj). Formada no Programa em Sistemas Íntimos pelo Center for the Studies of Intimate Systems/Gestalt International Study Center (EUA), é colaboradora do Instituto Gestalt de São Paulo (IGSP) e do

Instituto de Gestalt-terapia e Atendimento Familiar do Rio de Janeiro (IGT). Autora de artigos sobre psicoterapia, saúde mental e subjetividade na contemporaneidade, em publicações nacionais e internacionais, é membro do corpo editorial da revista *Gestalt Review*.

Gladys Costa de Moraes Rêgo Macedo D'Acri (Gladys D'Acri)

Psicóloga e Gestalt-terapeuta, atende adolescentes, adultos, casais, famílias e grupos. Diretora do Instituto Terapêutico Corpo e Mente, é pós-graduada em Psicossomática pela Universidade Gama Filho (UGF), tem formação em Terapia de Casal e Família (Instituto Mosaico, Instituto de Terapia de Família e com Teresinha Mello da Silveira) e em Psicoterapia de Crianças e Adolescentes (com Luciana Soares). Idealizadora, autora e organizadora do *Dicionário de Gestalt-terapia – Gestaltês* (Summus, 2007), é autora de artigos científicos e revisora técnica. Palestrante em eventos de Gestalt-terapia, organizou diversos encontros e congressos dessa abordagem.

Karina Okajima Fukumitsu

Psicóloga e psicoterapeuta, é pós-doutoranda e bolsista pela Coordenação de Aperfeiçoamento de Pessoal de Nível Superior (Capes). Cofundadora do Instituto Vita Alere de Prevenção e Posvenção do Suicídio, é doutora em Psicologia Escolar e do Desenvolvimento Humano pela Universidade de São Paulo (USP) e mestre em Psicologia Clínica pela Michigan School of Professional Psychology (EUA). Especialista em Psicopedagogia pela Pontifícia Universidade Católica de São

Paulo (PUC-SP) e em Gestalt-terapia pelo Instituto Sedes Sapientiae, é autora de *Suicídio e luto: história de filhos sobreviventes* (DPP, 2013) e *Suicídio e Gestalt-terapia* e *Perdas no desenvolvimento humano: um estudo fenomenológico* (DPP, 2012).

Lilian Meyer Frazão

Uma das pioneiras na abordagem gestáltica no Brasil, é mestre em Psicologia Clínica pela Universidade de São Paulo (USP), professora do Instituto de Psicologia da mesma instituição e docente do Departamento de Gestalt-terapia do Instituto Sedes Sapientiae. Colaboradora em treinamentos de Gestalt-terapeutas no Brasil e no exterior, é autora de artigos em revistas e responsável pela tradução de artigos e livros de Gestalt para o português.

Marcelo Pinheiro

Psicólogo, é mestrando em Psicologia Social pela Universidade Estadual do Rio de Janeiro (Uerj) e Gestalt-terapeuta. É especialista em Psicologia Clínica e em Psicologia Organizacional pelo Conselho Regional de Psicologia (CRP) e em Atendimento de Casal e Família na Abordagem Sistêmica pelo Instituto de Terapia de Família (ITF-RJ). Coordenador do curso Especialização em Psicologia Clínica – Gestalt-terapia (Indivíduo, Grupo e Família) e sócio fundador do Instituto de Gestalt e Terapia Familiar (IGT), é editor-chefe da revista virtual *IGT na Rede* e coordenador do Centro de Documentação da Gestalt-terapia Brasileira.

Mônica Botelho Alvim

Psicóloga com especialização em Gestalt-terapia, é mestre em Psicologia Social e do Trabalho e doutora em Psicologia Clínica. Professora adjunta do Instituto de Psicologia da Universidade Federal do Rio de Janeiro (UFRJ), é membro fundador do Instituto de Gestalt Terapia de Brasília. Atuando como docente no ensino superior desde 1999 e como Gestalt-terapeuta desde 1990, tem produção bibliográfica no Brasil e no exterior, sendo membro do corpo editorial da *Revista da Abordagem Gestáltica*. Pesquisa as dimensões teórico-metodológicas da clínica da Gestalt-terapia a partir do diálogo interdisciplinar com a fenomenologia e a arte contemporânea, tendo Merleau-Ponty como autor principal no campo da filosofia. Pesquisadora vinculada ao Núcleo de Estudos Interdisciplinares em Fenomenologia e Clínica de Situações Contemporâneas (Neifecs) e ao Núcleo de Pesquisa para a Infância e a Adolescência Contemporânea (Nipiac).

Patricia Valle de Albuquerque Lima (Ticha)

Doutora em Psicologia pela Universidade Federal do Rio de Janeiro (UFRJ), é professora adjunta do curso de Psicologia da Universidade Federal Fluminense/Rio das Ostras na área de clínica fenomenológica existencial. Psicoterapeuta e supervisora na abordagem gestáltica, é colaboradora dos cursos de especialização do Instituto Carioca de Gestalt-terapia, do Instituto de Gestalt e Terapia Familiar (IGT) e da Comunidade Gestáltica. Membro do corpo de pareceristas da *Revista da Abordagem Gestáltica*, da revista *IGT na rede* e da *Revista de*

Psicologia da Uerj, é co-organizadora do *Dicionário de Gestalt-terapia – Gestaltês* (Summus, 2007).

Sandra Salomão

Psicóloga, mestre em Psicologia Social e professora da Pontifícia Universidade Católica do Rio de Janeiro (PUC-Rio), é Gestalt-terapeuta pelo Training Center of Gestalt therapy (EUA). Professora de Terapia de Família no Instituto de Firenze (Itália) e na Sociedade Luso-Espanhola de Gestalt-terapia, é especialista em Terapia Familiar Sistêmica e em Terapia de Casal e Sistemas Íntimos. Coordena cursos de formação em Gestalt-terapia e cocriou o curso de especialização em Terapia de Família (Modelo de Intervenção Gestáltico Sistêmico Relacional). Uma das pioneiras da Gestalt-terapia no Brasil, é fundadora e responsável técnica do CGT Sandra Salomão e membro da Associação Brasileira de Terapia de Família (Abratef) e da AAGT – Gestalt-terapia. Organizadora e conferencista de congressos nacionais e internacionais, é autora de publicações na área de terapia de família e em Gestalt-terapia.

Virginia Elizabeth Suassuna Martins Costa

Doutora em Ciências da Saúde pela Universidade de Brasília/Universidade Federal de Goiás (UnB/UFG), é mestre em Educação, professora adjunta do curso de Psicologia da Pontifícia Universidade Católica de Goiás (PUC-Goiás) e fundadora, professora e supervisora do Instituto de Treinamento e Pesquisa em Gestalt-terapia de Goiânia. Membro do conselho consultivo da *Phenomenological Studies* – Revista da Abordagem Gestáltica, fez cursos avançados em Gestalt-terapia pelo Gestalt Therapy Institute of Los Angeles (EUA) e no Canadá. Gestalt-terapeuta de crianças, adolescentes, adultos, casais e grupos, é autora de artigos e capítulos de livro, coautora do verbete "Eu-tu e eu-isso" no *Dicionário de Gestalt-terapia – Gestaltês* (Summus, 2007) e pesquisadora do CNPq.